HOW TO ACHIEVE
BUSINESS GOALS

葛藤する
リーダーに贈る

目標達成できる組織のつくり方

株式会社エターナリア
代表取締役社長

宮下律江

現代書林

はじめに　目標達成はネガティブなものではない

会社組織には目標がつきものです。組織に属する社員にとって、ビジネスのさまざまな問題の解決に向けて目標を達成することは使命といえます。

では、目標達成に対して、どのようなイメージを持っていますか？

・数字に追われる
・毎日プレッシャーを感じる
・つらい、逃げたい
・胃が痛い
・達成できなくても仕方ない……

などなど、ネガティブな印象を持っている人が少なくないと思います。

リーダーとしてチームをまとめる立場でメンバーがそのような気持ちで仕事に臨んでい

たら、どうなるか考えてみてください。言うまでもなく、目標達成は遠のくばかりでしょう。リーダー自身も同様です。目標達成に負の感情を抱いているがゆえに、数字やプレッシャーを植え付けるだけの管理に躍起になっていませんか？　にもかかわらず結果が「未達」で終わったらリーダー失格の烙印を押されますし、メンバーの頑張りも無駄になってしまいます。どちらにとっても不幸な状態を招くのです。

実は私も目標達成に負の感情を抱いていました。でもその思いは「経営の神様」と称される稲盛和夫さんとの出会いから変わり、目標達成への成果につながり始めました。

目標達成は決してネガティブなものではありません。詳しくは本編でお話ししますが、目標達成があるからこそ社員に給料をもたらし、それぞれの生活が守られます。組織に属するみんなの幸せにつながるため、むしろポジティブに捉えるべきなのです。

私が日本航空（ＪＡＬ）グループのＩＴサービス企業に在籍していた時代、このような気づきを与えてくれたのが稲盛さんでした。

皆さんご存じのとおり、ＪＡＬは２０１０年１月に経営破綻（会社更生法の適用を申請）しました。稲盛さんはＪＡＬ再建のために同年会長に就任して采配を振るわれ、２兆円以上の負債を黒字に転換して、わずか2年8か月で再上場させるV字回復を成し遂げられました。

その間、私は稲盛イズムを学び、ＩＴ部門で初の女性役員に就任し、数々のＩＴ大型案件のプロジェクトマネージャーを務めてＪＡＬ復活に貢献することができました。

また、ＪＡＬ再生計画に掲げられたシステム刷新プロジェクトでは１２００人以上の日亜メンバーを率いて成功裡に収め、日経コンピュータが主催する「IT Japan Award 2018」の受賞という栄誉もいただきました。

この実績を上げられたのは、稲盛さんとの出会いで目標達成に対する考え方が大きく変わったからこそです。

私はその後、独立起業を果たし、クライアントの目標達成を事業のひとつとしました。目標達成に悩むクライアントは全国に多数あり、問題の把握から解決に至るまで、コンサルティングにより一定の成果を上げられていると自負しています。

本書は、ＪＡＬグループＩＴ会社と起業後のコンサルティングの経験をもとに、組織やチームを率いるリーダー層に向けた目標達成の正しい考え方、方法論をまとめたものです。

ビジネスマン個人の目標達成をテーマにした書籍はよく見かけますが、**リーダーとして組織やチームをまとめて目標達成に導くノウハウを述べたものは少ない**と感じ、難題を解くための私なりの答えを提示したく出版を思い立ちました。

その答えとして多くのページを割いているのが「ユニゾン経営」というマネジメント手法です。これは私の造語になります。

ユニゾンとは音楽用語で、同じ旋律を複数人で歌う斉唱のことを指します。パートに分かれて複数人で歌う合唱とは反対に、一人ひとりの声質の違いを活かして同一のメロディーを奏でるため、音に厚みが生まれ、力強さと美しい響きをもたらします。

そういった状態を組織やチームのあるべき姿と捉えたところからユニゾン経営と名付け、時代に即したマネジメントのあり方として提唱することにしました。メンバーの個性と多様性を受け入れて各人の力を伸ばし、共通のゴールを目指すことがポイントになります。

ユニゾン経営をひと言でいうと、次のように表現できます。

・社員一人ひとりの強みを集結させ、働く幸せと業績の向上につなげる、物心両面での幸福を追求する経営

組織やチームの力を最大化し、目標達成することがゴールです。目標達成は単に数字上のものだけではなく、社員の幸福とリンクしていることを特徴としたマネジメントの新しい形です。

ヒト、モノ、カネは会社の3大経営資源といわれています。組織の持続的な成長にはこれら3つのリソースをどのように活かすかが問われます。

中でも重要なのはヒトです。モノやカネはヒトの働きかけがあって初めて資源に変わります。しかしモノやカネと違ってヒトだけが感情を持っているため、どのように向き合うかがもっとも難しくなります。

ヒトの力がもっとも大切なのにもかかわらず、多くの組織でヒトの持っている力を引き出すことができていないのが現状ではないでしょうか。

人的資本経営が叫ばれる中、ヒトの力はますます重要視されます。マネジメントの目的と役割が一層高まり、組織の明暗を分けるのです。

個人個人の価値を引き出すこと。メンバーの一体感を演出すること。やりがい、働きがいを見出せる環境をつくること。そして何よりチームが最高のパフォーマンスを上げること――。目標達成のための課題は山ほどあります。

本書がその解決の手引きとして悩めるリーダーの皆さんのお役に立つことを、著者として願ってやみません。

2023年12月

株式会社エターナリア　代表取締役社長　宮下律江

目次

第1章　多くの組織が目標達成できない理由

第2章 「一体感」で目標達成を実現するユニゾン経営

第3章 リーダーがやるべき目標づくり

第4章 リーダーがやるべきチームづくり

第5章 リーダーがやるべき環境づくり

第6章

リーダーがやるべき自分づくり

第1章

多くの組織が目標達成できない理由

1 目標達成という言葉のマイナスイメージ

「はじめに」でお話ししたように、目標達成をネガティブに捉えている人は少なくないと思います。つらいもの、苦しいものといった負の感情とセットになっているのでしょう。そこに、多くの組織が目標達成に苦しむ最大の理由があります。

企業は成長発展するために目標を掲げます。リーダーは目標の達成に向け、チームの指揮をとります。

チームのメンバーが目標達成にマイナスイメージを持っていると、チームの力は発揮されません。目標達成とはいかないわけです。

私はJALグループのITシステムを一手に担うJALインフォテックにSEとして新卒入社しました。入社からの10年間は子育てや親の介護などもあってキャリア形成において不遇の時代を過ごしましたが、地道な頑張りが次第に認められてリーダーとなったのは30代のときです。

課長職に就き、上司からトップダウンの組織運営を叩き込まれました。

当時の私の上司は、資本参加していた外資系ＩＴ企業から出向してきた人でした。仮にＳさんとしましょう。

Ｓさんは外資系企業でよく見られるような、目標数字の達成を最優先事項とするタイプの人でした。売上、利益率、品質、コストなどの数値目標を掲げ、リーダーとしてチームのメンバーに達成を強く意識させるよう指示されました。

このとき、

・目標達成＝数字を追うこと

と頭に叩き込まれたのです。

私は上から下りてくる数字に追いかけられる毎日に疑問を感じつつも、そのマネジメント手法が正しいと信じ、チームのメンバーに対して数値目標へコミットするようプレッシャーをかけていました。

しかし成果は芳しくありません。信じていたやり方が通用せず、数値目標には遠く及ばない。不甲斐なく、どうしよう……と途方に暮れたことをいまでも覚えています。

チームのメンバーに目標達成についてマイナスのイメージを抱かせていること、その結果、もたらされる目標未達の責任は、誰にあるでしょうか？
もうおわかりですね。すべてはリーダーの責任となります。
かつての私はダメダメのリーダーだったのです。

2 稲盛氏に教えられた目標達成の真の意味

その後、ＪＡＬの破綻に伴い、再建のために会長に就任された稲盛和夫さんと出会いました。稲盛さんからさまざまな学びを得たことでリーダーとして転機を迎え、目標達成に対する考え方も大きく変わりました。

ＪＡＬの破綻は経営と社員の意識の甘さが招いたものです。稲盛さんは再建を進める中、目標達成について次のように語っていました。

「**目標を達成しなければ会社は生き残れない。生き残れなければ社員に給料を払うことができない。給料を払えなければ社員の生活は成り立たない。したがって目標達成というのは、社員の生活を守ることなんです**」

私の頭にはなかった衝撃の言葉でした。

破綻を受けて、取引先との関係を終了せざるを得なく、一軒一軒お詫びの行脚に回ったことがありました。取引先にとって、ＪＡＬとの契約終了は大変な事態だったと思います。その会社で働く社員や社員の家族の方々にもご迷惑をおかけすることを心苦しく感じ、申し訳ない気持ちでいっぱいでした。

稲盛さんの言葉で私は開眼しました。

社員は会社の事業計画にしたがい、目標を達成しなければならない。目標達成によって社員の生活が守られ、取引先に属する人の生活も守られる。数字は旗印であり、クリアすることによって会社の成長と組織に関係する多くの人たちに幸せをもたらしてくれるのです。

こういった目標達成の真の意味を理解せず、リーダーがチームに数字だけを突き付けて命令していたらどうなるでしょうか。メンバーはただ数字に追い立てられるため、目標達成に対してマイナスのイメージが拭えません。結果、プレッシャーを感じ、未達に終わるのは当然のことだと思います。

なぜ目標を達成しなければならないのか。その真の意味を認識してチームで共有したら、

成果は確実に違ってくるはずです。

3 リーダーの強い思いが成否を分ける

リーダーは目標達成に強い思いを持って臨まなければなりません。壁にぶち当たったとしても、「**絶対にあきらめない。必ずやり遂げてみせる**」といった信念が不可欠です。リーダーが及び腰だったらチームのメンバーはついてこないですし、目標達成は絶対に成し得ません。

そのような強い思いを稲盛さん流に言い換えると、「**燃える闘魂**」「**闘争心を燃やす**」といった表現になります。稲盛さんはリーダーに必要な資質のひとつに挙げ、あらゆる困難を打ち破るものと語っています。リーダーの燃える闘魂、闘争心を燃やす言葉や行動、エネルギーがメンバーに広がり、チームをまとめて目標達成へと導くのです。

逆にリーダーに強い思いが感じられないとき、稲盛さんは烈火のごとく怒りました。目標が未達に終わるのは達成への強い思いが足りない証拠です。人間というのは困難な状況に置かれた際、普段は想像できない力を発揮したり、何とか打破しようと知恵を生んだりするのですが、絶対に負けない、あきらめない心がなければこれらの力や知恵は生まれません。稲盛さんはそれをわかっていたので私たちを叱責したわけです。

後述する組織の「一体感」もリーダーの強い思いによって醸成され、浸透するのです。

また、リーダーが封印すべきものは「他責思考」です。

人間の思考には自責と他責があり、ビジネスの世界での他責思考とは、

・仕事で何か問題が起こったとき、その責任は他者や環境にあるとする考え方です。

これに対するのが「自責思考」で、

・仕事で何か問題が起こったとき、その責任は自分にあるとする考え方です。

他責思考でいたら問題はいっこうに解決しません。他者の責任とし、自身では問題に向き合わず、解決に向けた行動を起こさないからです。問題解決がなければ目標達成とはならないでしょう。

リーダーに必要なのは自責思考に他なりません。何事も自分の責任とすることで問題を解決し、目標達成につながるのです。自責思考が目標達成に通じる強い思いを芽生えさせるともいえます。

稲盛さんは他責思考を排除し、自責思考で仕事に臨むことを常に語り、私も徹底的に叩き込まれました。

自責思考は責任をすべて自分で背負うため、「プレッシャーに押しつぶされてしまうのでは……」と感じる人もいるかもしれません。

そこで大切なのがマインドです。

問題解決や目標達成に対してマイナスのイメージを持っていると悪影響が出ますが、これまで述べてきたように**会社の成長や社員の幸せのためというプラスのイメージへ変えるのです。具体的には「自分事として解決していく」、「他人と過去は変えられない」といったイメージを描ければプレッシャーは消え、むしろモチベーションとなって頑張ることができるのです。**

4 組織力を低下させた人員配置の失敗

目標達成はリーダーの手腕にかかっています。中でも問われるのがマネジメントです。**チームのメンバーに持っている力を十分に発揮してもらうことは何より大切で、それには一人ひとりのスキルや特性を見極め、リーダーがリーダーシップをもって関わっていかなければなりません。**

ここで、本書で解説する「マネジメント」と「リーダーシップ」の説明をします。

「マネジメント」とは「ヒト」「モノ」「カネ」の3つの経営資源を活かし、成果を出すことを指します。そして**「リーダーシップ」とは、人をモチベート（動機づけ）しながら、目指すべき方向へ導いていくこと**を意味します。

本書でこれらの言葉は多く登場しますので、頭に入れておいてください。

チームで目標達成を目指す過程でマネジメントが思いどおりにいかないこともしばしばでしょう。

たとえば、あるメンバーに新たな仕事を任せて成長を期待したつもりが、うまくかみ合わなかったなどの失敗はつきものです。私自身、そのような苦い経験がありました。

私が在籍していたＪＡＬインフォテックは、前述したとおりＪＡＬグループのＩＴシステムを一手に担っています。システムは24時間３６５日稼働しているため、安全に稼働しているかどうかを常時チェックし、不具合を見つけたら修復するなど維持管理を行うのが重要な業務のひとつになっています。この任務を担うＭさんという男性がいて、キャリアを重ねていました。

私はＭさんを維持管理の業務から担当を変え、新規のプロジェクトに抜擢してリーダーを務めるよう依頼しました。新しい仕事やポジションは本人の新しい挑戦となり、ポテンシャルを引き出せると思ったからです。

しかし、実際は逆でした。Ｍさんは新規プロジェクトに馴染めず、先頭に立ってメンバーを引っ張っていくことに苦痛を感じていました。日に日に本来の輝きを失っているのは明らかでした。

それでも当時の私は「この苦しさを乗り越えなければいけない」「新しいことに挑戦し

なければダメなんだ」としか頭になく、Mさんを叱咤激励していました。

ところが限界が訪れます。このままではMさんがつぶれてしまうという状態まで追い込まれてしまったのです。

私はMさんをシステムの維持保守の業務に戻しました。するとすぐに輝きを取り戻し、はつらつとして仕事に打ち込むようになりました。

システムの維持保守は地味ながらもＩＴサービスを機能させるうえでなくてはならず、地道な努力と技能を必要とします。Mさんは維持保守の業務に適しており、彼がいたからこそ安定稼働し、トラブルが起きても早期に修復できたといっても過言ではありません。注目すべきスキルや特性を結果的に無視して人員配置していたことをのちに深く反省しました。

5 成長を止める「リスキリング」は不要

近年、人財育成の分野で「リスキリング」が注目を集めています。リスキリングとは、企業が技術革新やビジネスモデルの変化に対応すべく、社員に新しいスキルや知識を身につけさせ、新しい業務を担ってもらうことを指します。

産業のDX（デジタルトランスフォーメーション）化が進む中、リスキリングは企業が存続していくために不可欠な取り組みといえるでしょう。

リスキリングは社員にとっても価値をもたらします。デジタル技術の進展に伴って必要になる専門的なスキルを習得し、新たなポジションに就く可能性が広がります。

ただし、誰も彼もリスキリングがハマるわけではありません。私が先のMさんに対して見誤ったように、スキルや特性とのミスマッチによって力を発揮してもらえないことも起こり得ます。それは本人にとっても会社にとってもつらいことですよね。

リーダーはチームのメンバー一人ひとりの「成長を止めないこと」。これはマネジメントの大前提として、非常に大事なことです。

Mさんを新規プロジェクトからシステムの維持管理の業務に戻した話をしました。その後、Mさんには得意とする維持管理の業務の中で新しい役割を担ってもらい、システムの刷新を行ってからは新しいシステムの維持保守をメインに担ってもらいました。仕事内容は変わりながらも得意分野の中での変化なので、彼は生き生きとして日々成長を遂げていきました。

個々のスキルや特性は異なります。違いを認識して、得意なこと、やりがいを感じることに従事させるのがリーダーの務めです。そしてそれがチームや組織の力を伸ばし、目標達成につながるのです。

6 マネジメントが困難な時代、人財育成の難易度が上がっている

マネジメントの課題は時代とともに変わります。近年では大きく4つの課題が社員育成の難易度を確実に上げています。

まず**1つ目は働き方の多様化**です。

新型コロナウイルスをきっかけにリモートワークや在宅勤務の形態が広がりました。それによりチームのメンバーと顔を合わせる時間が減った人は多いはずです。以前なら会社で机を並べ、仕事ぶりを見たり、何か困っていたら声をかけたりできたのですが、その機

会は限られます。チームメンバーの状況を把握しにくいわけです。

2つ目はメンバーの多様化です。

自分が年齢を重ねるにしたがい、新しい世代の若者が増えてきます。たとえば「Z世代」はインターネットが普及する時代に生まれ、デジタルネイティブとも呼ばれる世代です。自身とは異なる時代を生き、仕事に対する考え方や価値観が異なるため、コミュニケーションをとることは容易ではないでしょう。

年下ばかりでなく、年上も増えています。年齢が上だと気を遣って言いたいことを言えなかったり、接し方によっては反発を招きやすかったりするのです。

さらにメンバーに外国人がいることも考えられます。文化や習慣の違いを認識しなければ誤解を生み、上手く意思疎通が図れないこともあります。

3つ目はハラスメントに対する意識の高まりです。

近年、パワハラ、セクハラ、モラハラと企業の中にもハラスメントに対する意識が高まってきました。これにより、リーダーがメンバーに対して、ハラスメントにならないように慎重な姿勢となり、「言い方が難しい……」「どこまで言ったらいいかわからない……」と躊躇し、社員の育成を困難にしています。

最後の**4つ目は管理職の忙しさ**です。

リーダーの多くはマネジメントだけに専念できず、多くがプレイヤーとしてマネジメントも行うプレイングマネージャーです。プレイヤーとして一定の成果を出しながら、マネージャーとして会議や社内への報告事項も多く、大量のタスクと大きな責任を抱えています。さらにリーダーとなる年齢層は育児や介護などのプライベートにおける大変な時期と重なり、忙しさに拍車をかけています。

これら4つの課題からマネジメントが機能しづらく、悩みを抱えるリーダーは多くいます。私が行うセミナーなどでよく聞くことは、

「**やる気のない部下がいる。どう育てたらいいかわからない……**」

といった声です。

やる気のない部下へのリーダーの向き合い方が、チームの目標達成を左右します。

チームの中に一人でもやる気のないメンバーがいたら、その思いはほかのメンバーに伝播します。チームの雰囲気を悪くし、士気を下げかねません。目標達成に悪影響を及ぼすのは間違いないでしょう。

そのメンバーもチームの貴重な一員ですから、やる気のないメンバーを置き去りにはで

きないのです。**会話を重ね、意見を引き出し、成長を促すこと。チームの目標達成にはメンバーと伴走するリーダーの姿勢が求められると私は考えています。**

稲盛さんはリーダーの大切なこととして常々「部下をよく観察して小さな変化も見逃さず、頻繁に声をかけてあげなければならない」などと語っておられました。

マネジメントが困難となり、人財育成の難易度が上がっている時代だからこそ、チームのメンバーとの向き合い方、コミュニケーションのあり方が問われると思います。

7 日本企業の「エンゲージメント」は世界最低ランク

「エンゲージメント」という言葉をご存じでしょうか。

エンゲージメントとは、社員の会社に対する愛着の度合いを指します。「会社のために頑張りたい」「貢献したい」といった自発的な意欲の強さを表すものです。

エンゲージメントの向上は、組織の生産性や収益性などを高めることがわかっています。

社員が会社に愛着を持ち、意欲的に仕事に臨む結果と考えれば、自然な成り行きといえるでしょう。もちろん、目標達成もその結果に含まれます。

近年、エンゲージメントの向上に取り組む企業が増えてきました。しかし、取り組みによっても生産性の向上や離職率改善などの数値的な成果を得られている企業はまだ少ないはずです。

日本企業のエンゲージメントについて、衝撃的な報告があります。

米国の調査会社・ギャラップ社が、世界各国の企業に対してエンゲージメントの調査を実施したところ、**日本企業の「熱意ある社員（エンゲージメントが強い社員）」の割合は世界平均23％に対して、5％にとどまりました。**

主要国の同割合は上から米国34％、インド33％、フィリピン31％、ブラジル28％、南アフリカ26％、タイ25％、インドネシア24％、中国18％、ドイツ16％、韓国12％、英国10％、フランス7％などとなっており、日本とイタリアが5％という数値は調査対象125か国中124位の結果でした。これは2023年版の報告です。

米ギャラップ社では例年同調査を実施しています。日本企業のエンゲージメントの低さ

[図1]世界各国の「熱意ある社員」の割合

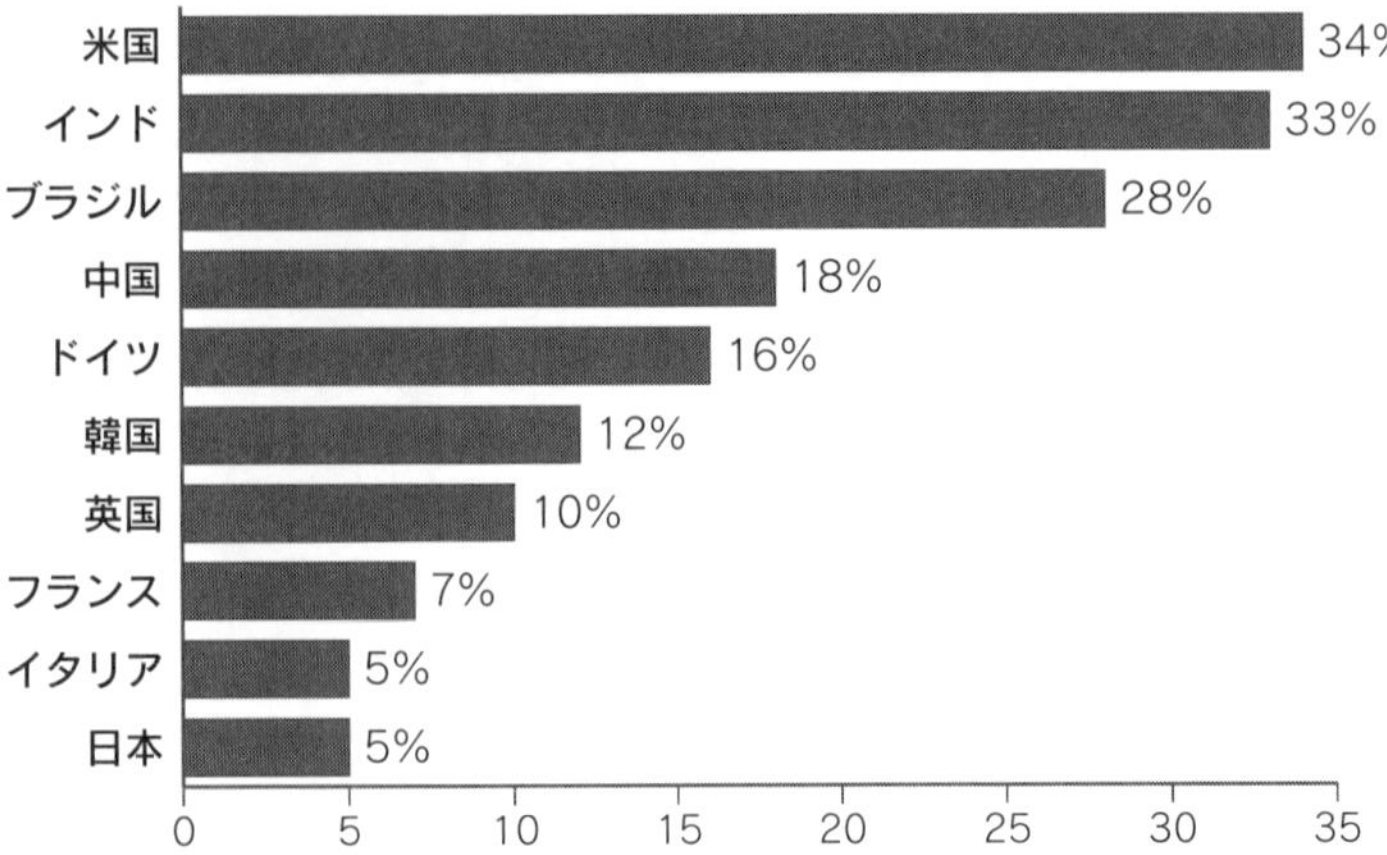

(出所)米ギャラップ社「グローバル職場環境調査」　日本経済新聞(グラフ)一部改変

は恒例のことで、世界最低ランクが何年も続いています。

世界最低ランクのエンゲージメントは何を意味するのでしょうか。

「日本の場合、会社の役に立ちたくない人が多いのか……」

などと捉えるのは間違いです。

会社や組織のために貢献したい思いは潜在的に誰もが持っています。そういった社員の貢献意欲を満たしてあげられていないのが問題なのです。

社員の貢献意欲を満たすには、やりがいや働きがいを育むさまざまな取り組みを必要とします。企業はそこに注力し、リーダーは最前線で任務にあたらなければなりません。

チームの中にやる気のないメンバーが一人でもいたら、その思いはほかのメンバーに伝播すると前に述べました。逆もしかりです。

リーダーの働きかけによってチームの中に貢献意欲の高いメンバーが一人でも現れたら、その思いはほかのメンバーに伝播します。チームの雰囲気を明るくし、みんなの頑張りを後押しする存在にもなり得ます。**そういうメンバーが一人二人と増えていくことでチームや組織のエンゲージメント向上をもたらすのです。**

8 組織力を高める最大のポイントは一体感

私は、JALグループIT企業と起業後のコンサルティングの経験をもとに、組織やチームの目標達成を目指す「ユニゾン経営」という新しいマネジメント手法を考案しました。

ユニゾンは音楽用語で、複数の人の声や楽器で同じメロディーを演奏することを指します。さまざまな音色により力強さや美しい響きが生み出される状態を、組織やチームのあるべき姿と捉えてユニゾン経営の言葉をつくり、いまの時代に即したマネジメントのあり方として提唱することにしました。

「はじめに」でも述べたとおり、ユニゾン経営をひと言でいうと、次にように表現できます。

・社員一人ひとりの強みを集結させ、働く幸せと業績の向上につなげる、物心両面での幸福を追求する経営

これをもっと簡潔に、重要なキーワードとして一語にすると、「**一体感**」という言葉が挙げられます。

一体感とは、組織に属する社員が同じ目標や考えのもと、一人ひとりが自分の役割を果たしながらひとつにまとまっている状態を意味します。一体感のあるチームと、そうでないチームとでは、成果は大きく異なります。個人やチームのパフォーマンスを最大化させるために、必要不可欠な要素です。

社員の価値観の多様化やコロナ禍によるコミュニケーション不足に伴い、組織の一体感が薄れているように感じます。そのことが業績の低迷などを招いている可能性も考えられます。

一体感の重要性は今後高まるばかりです。

リーダーはいかにして組織やチームに一体感を醸成するかが目標達成のカギを握るでしょう。

ビジネスの世界以外でも、一体感は高い効果をもたらします。

野球ファンであれば、4年に一度開催される世界最高峰の国際野球大会、ワールド・ベースボール・クラシック（WBC）をご存じだと思います。

2023年のWBCでは、栗山英樹監督率いる日本の侍ジャパンチームが、世界の強豪チームに競り勝ち、全勝優勝を果たしました。躍動する選手たちの姿に胸躍り、テレビにくぎ付けになった人は多いはずです。

栗山監督は最初から「世界一」を目標に掲げ、選ばれた代表メンバーも思いを同じくしました。そして、選手一人ひとりがそれぞれの役割を認識し、互いに信じ合い一致団結して世界一を成し遂げました。これはまさしく一体感の勝利です。栗山監督がチームに一体感をうまく醸成したことが、目標の実現を生んだのです。

第2章では、ＪＡＬグループ時代でのエピソードや私のコンサルティング事例などをもとに、一体感のあり方を掘り下げていきます。

第2章

「一体感」で目標達成を実現するユニゾン経営

1

ＪＡＬ再生、一体感を生んだ施策1「ＪＡＬフィロソフィ」

２０１０年のＪＡＬの経営破綻は、思いもよらないことでした。「自分が関わる会社が倒産するなんて。これからどうなるのだろう……」と私も含め社員は不安を覚え、同時に自信や誇りを失っていきました。

そこへ救世主として現れたのが稲盛和夫さんです。再建を託された稲盛さんのリードにより、ＪＡＬは破綻からわずか2年8か月で史上最高（当時）の営業利益を計上し、再上場を果たしました。私自身もグループのＩＴ企業初の女性役員として、再建に貢献できたと自負しています。

この復活劇は、**稲盛さんが提唱した2つの施策なしには成し得なかったでしょう。**どちらも意識改革に重点を置いたもので、**成果としてもたらされた組織の「一体感」が、ＪＡＬ再生の原動力となりました。**

施策のひとつは「ＪＡＬフィロソフィ」です。

ＪＡＬ社員の行動指針となる考え方や価値観をまとめたもので、グループの全社員に浸透させるためにつくられました。稲盛さんは、社員が思いを共有することが重要だと繰り返し説いていました。

現在、ＪＡＬのホームページでは次のように説明しています。

ＪＡＬのサービスや商品に携わる全員がもつべき意識・価値観・考え方として、ＪＡＬフィロソフィを策定しました。

これにより、私たちは同じ価値観をもち、判断および行動をしていくことで、全員が心を一つにして一体感をもって、お客さまに最高のサービスを提供し、企業価値を高めることで、社会の進歩発展に貢献していくよう全力を尽くしていきます。

ＪＡＬフィロソフィは40項目からなる短い言葉のフレーズです。どれも特別難しい言葉ではありません。しかし、真の意味は深いのです。

第1部と第2部の二部構成で、第1部は「すばらしい人生を送るために」、第2部は「すばらしいＪＡＬとなるために」と題されています。図2（41ページ）でその一部を紹介しているので、チェックしてみてください。

私が感銘を受けたＪＡＬフィロソフィのひとつに、「一人ひとりがＪＡＬ」という言葉があります。

一人ひとりがそれぞれの持ち場・立場で役割を精一杯やり遂げていく、そして、それぞれの思いや立ち振る舞いが、そのままその会社のイメージになっていくということです。たとえばＪＡＬ社員１００人中、99人がお客様のことを思って行動したとします。しかし、残る１人の対応が悪ければどうなるでしょうか。その行動によって99人の信頼は台無しです。だからこそ、「一人ひとりがＪＡＬ」の意識を持って業務にあたらなければならないことを伝えています。

なお、ＪＡＬフィロソフィは京セラフィロソフィを基につくられましたが、ＪＡＬの独自性を活かすために、いくつかＪＡＬ固有のフレーズを用いています。そのひとつが「一人ひとりがＪＡＬ」となります。

破綻から約1年後、40項目のフレーズは「ＪＡＬフィロソフィ手帳」という形でグループの全社員に配布されました。毎朝、朝礼では経営理念の唱和とともに手帳を開いた輪読

［図2］JALフィロソフィ

JALフィロソフィ　全員が持つべき意識・価値観・考え方（一部抜粋）

第1部 すばらしい人生を送るために

第1章
成功方程式（人生・仕事の方程式）

人生・仕事の結果＝考え方×熱意×能力

第2章
正しい考え方をもつ

人間として何が正しいかで判断する
美しい心をもつ
常に謙虚に素直な心で
常に明るく前向きに
小善は大悪に似たり、大善は非情に似たり
土俵の真ん中で相撲をとる
ものごとをシンプルにとらえる
対極をあわせもつ

第2部 すばらしいJALとなるために

第1章
一人ひとりがJAL

一人ひとりがJAL／本音でぶつかれ
率先垂範する／渦の中心になれ
尊い命をお預かりする仕事
感謝の気持ちをもつ
お客さま視点を貫く

第2章
採算意識を高める

売上を最大に、経費を最小に
採算意識を高める
公明正大に利益を追求する
正しい数字をもとに経営を行う

出典：日本航空株式会社

が行われ、毎月の勉強会も開かれました。

そうした積み重ねによって意識改革が進み、ＪＡＬフィロソフィはグループ全体の「共通言語」として機能するようになりました。全社員が心をひとつに一体感を持ち、お客様に最高のサービスを提供する礎となっています。

そして日々の業務においても常にフィロソフィに立ち返って意思決定や行動をとることができるようになり、ＪＡＬフィロソフィという共通の概念があるからこそ、価値観が揃い組織に一体感が醸成されるのです。

2 JAL再生、一体感を生んだ施策2「アメーバ経営」

施策のもうひとつは「アメーバ経営」です。

アメーバ経営とは、稲盛さん自らの会社経営体験から見出された、「全員参加経営」を目的とする経営管理手法です。

「会社経営とは一部の経営トップのみで行うものではなく、全社員が経営者マインドで関わって行うものだ」という稲盛さんの考えが貫かれています。

特徴は、組織をアメーバと呼ばれる小集団に分け、小集団ごとにリーダーを任命し、各小集団をひとつの企業と見なして、独立採算制で運営を行います。

この特徴により各アメーバの活動の成果がわかりやすく示され、リーダーを中心に全社員は自分たちの収支を意識するようになります。また、それぞれの持ち場や立場で持てる能力を発揮し、利益確保に取り組むようになります。

こうして**経営者意識を持ったリーダーを社内に育成すると同時に、全社員が経営に参画する「全員参加経営」を実現する**のです。

アメーバ経営では、会社の経営数字を全社員にオープンにし、会社が目指す目的に向かって全員で協力し合える風土を醸成します。前述したフィロソフィの浸透によって職場に共通の価値観が生まれます。

そして、各アメーバに属している社員一人ひとりが、計画の数字を必達するために、全員が「売上は最大に、経費は最小に」を意識し、計画が未達になりそうな場合は知恵を絞り、何としてでも計画を達成しようと自発的に動いていこうと努力するようになります。「計画を達成する」という共通の目標があり、同じ価値観でベクトルが揃っているからこそ、一体感は生まれるのです。

また、フィロソフィを共有することとは別に、部門別採算制度をとり、社員一人ひとりがどれだけ利益に貢献したかを把握できるのも特徴のひとつです。仕事の成果を「時間当り付加価値」として見える化し、創意工夫を生み出す仕組みとしています。

[図3]アメーバ経営

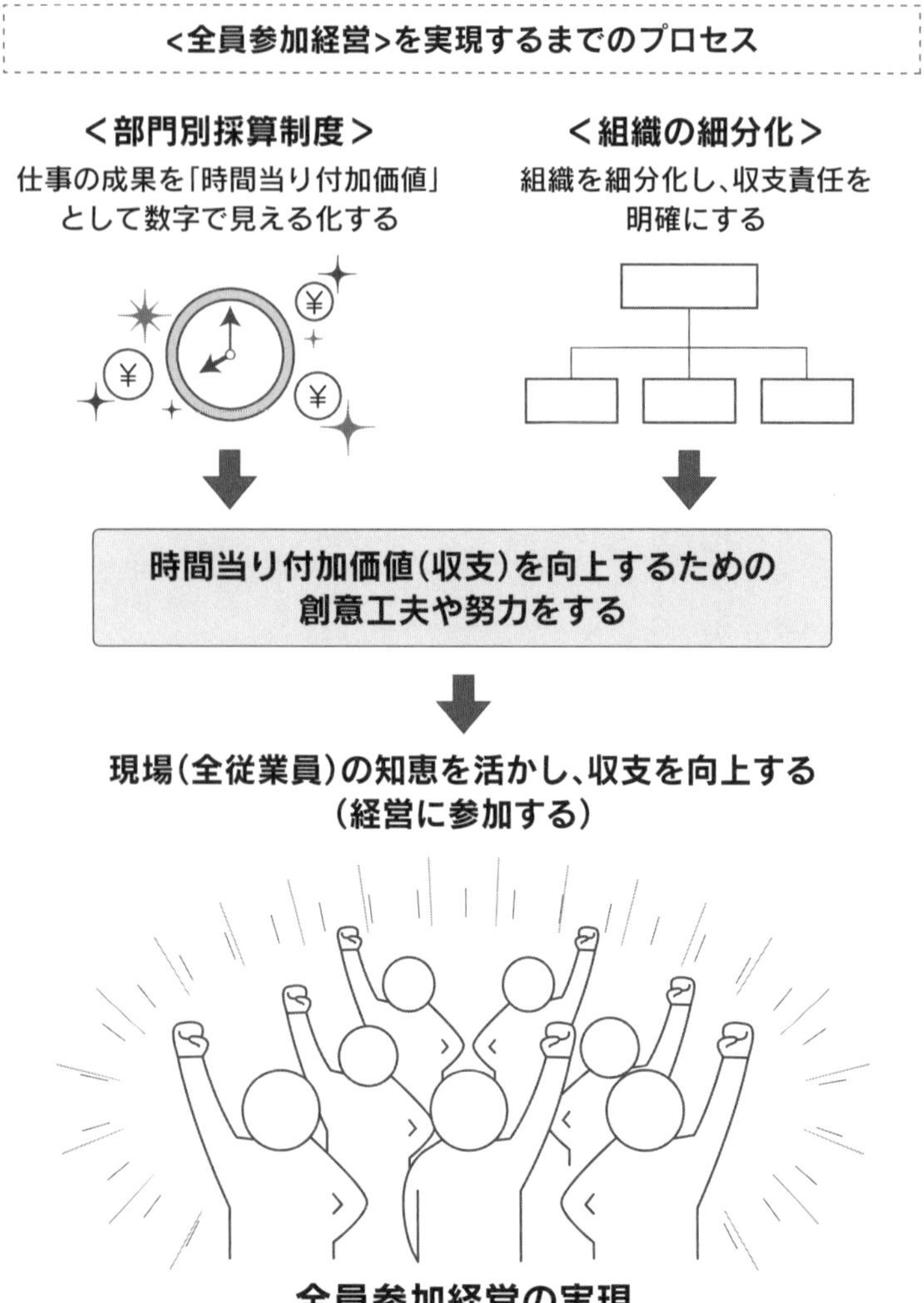
<全員参加経営>を実現するまでのプロセス
<部門別採算制度>
仕事の成果を「時間当り付加価値」として数字で見える化する
¥
<組織の細分化>
組織を細分化し、収支責任を明確にする
時間当り付加価値(収支)を向上するための創意工夫や努力をする
現場(全従業員)の知恵を活かし、収支を向上する(経営に参加する)
全員参加経営の実現

出典:京セラコミュニケーションシステム株式会社

ＪＡＬはアメーバ経営を取り入れ、全社員一丸の貢献意欲により営業利益のスピード回復と再生を成し遂げました。

アメーバ経営は組織の末端まで経営マインドを持たせるものです。

先のＪＡＬフィロソフィはその経営マインドの中身にあたる企業倫理、社会貢献の意識を浸透させる役目を果たします。この両輪によって強固な一体感ができあがったのです。

3
超難題の基幹システム刷新を一体感で実現

私のＪＡＬグループ時代のキャリアの集大成が航空会社の屋台骨を支える基幹システムの刷新への挑戦でした。ＪＡＬ再生計画の中で「刷新なくして事業の成長なし」と位置づけられ、プロジェクトマネージャーだった私に白羽の矢が立てられました。

とはいえ、容易なことではありません。基幹システムの刷新は、それまでＪＡＬでは3度挑戦し、すべて未達成に終わっており、私にとって相当なプレッシャーでした。

ＪＡＬグループの皆が必死になって事業を再生しようとしている中、多額の投資をして行おうとしている刷新プロジェクトが失敗してしまったら皆の努力を無にしてしまうからです。

これまでに経験したことがない未曽有の大規模プロジェクトの完遂が目標で責任のある仕事を任され、不安、焦り、恐怖に押しつぶされそうでした。

ミッションは既存の古いシステムを海外のクラウドシステムに切り替えるもので、１２００人を超える日亜メンバーで構成されたチームをまとめて進めます。国内空港のチェックインカウンターがクローズされている深夜から早朝までの限られた時間の中で海外のベンダーとやり取りするなどして、１００以上あるシステムの切り替えを行います。

いざ踏み出すとトラブルが多発し、眠れない日々を過ごすこともありました。

そして3年後、プロジェクトは行き詰まり、立て直しとなりました。やりたいことの要件が肥大化しすぎて目標達成が不可能になったためです。

しかし、私はそこで諦めませんでした。皆が向かうところのゴールを明確にし、チーム全員が同じ目標に向かうための共通の価値観をつくりました。

１２００人を超えるメンバーにコミュニケーションをとり、「なんとしてでも達成したい！」というリーダーとしての熱い思いを伝えることで、プロジェクトは再び前進し始めました。これにより、チーム全体が同じ目標に向かい、お互いの役割を意識しながら協力し合う基盤ができました。

そのような中、プロジェクト開始から6年目、大問題が発生しました。これまでつくり上げてきたものを大幅に見直さないといけないかもしれないという危機でした。

それでもリーダーとして前を向き、目標達成をあきらめず共通の目標を掲げてチームのメンバーを鼓舞しながら、稲盛さんから学んだ「燃える闘魂」「不屈の精神」でこの危機と向き合いました。

私たちはさまざまな知恵を出し合い、一緒に考え、協力し合い、プロジェクトの大きな危機を乗り越えました。

この大規模プロジェクトが完了したのは2017年。足掛け7年の月日を要しましたが、システム刷新プロジェクトは大成功を収め、JAL復活に貢献することができました。

一大プロジェクトを遂行できたのも、築き上げた一体感がパワーの源になっています。

新システムへ移行するその日の朝、飛行機が滑走路を無事飛び立ったのを見送って、一致団結したチームのみんなと達成感を味わうと同時に、メンバーへの感謝が心の中に湧き上がってきたことはいまも忘れられません。

私は同プロジェクトの成功により、雑誌「日経コンピュータ」が主催する「IT Japan Award 2018」を受賞し、大きな達成感を得ました。そして、JALグループでの役目を終えたことを認識する機会にもなって次のステージに行く決意をし、独立する道を選んでコンサルティングに従事していくことにしました。

4 一体感が生まれたチームは強くなる

JALの例を挙げて組織やチームにおける一体感の大切さを述べましたが、どのように感じたでしょうか。目標達成に欠かせない大きな要素として一体感の醸成を捉えていただけたかと思います。

しかし、「JALという大企業だからできたこと」ないしは「宮下さんだからできたこと」と捉え、

「自分の会社や置かれている立場では難しいのでは……」

などと感じている人もいるかもしれません。

そこで次に、私がコンサルティングを行った一般的な企業の事例を紹介します。

一体感の醸成を身近に感じ、「自分にもできるかもしれない」と思っていただけるでしょう。

▼▼コンサルティング事例

まずクライアントの詳細と、コンサルティングを実施する以前の問題点を挙げます。

クライアント

- ＩＴツール販売会社Ｈ社の営業部門

問題点

- 組織の目標がはっきりしていない
- 組織全体に覇気がなく、指示待ちの体質

・営業マン一人ひとりは頑張っているものの、部の成果は乏しい
・チームの協力態勢ができあがっていない
・組織の慢性的な目標未達で赤字を招き業績低迷

ビフォー

クライアントはＩＴツールを販売するH社の営業部門です。同部門には約50人の営業マンがいくつかの課に分かれて在籍しています。

管理職として営業部隊をまとめるのは課長さんになります。同社の課長さんと相対し、私は最初に曖昧な目標のことを指摘しました。営業部門の目標が売上数字のみで、具体的に何をどうすればいいのかが見えてこなかったからです。

課長さんは意に介さず、当然という面持ちでした。会社の売上目標が第一にあって、それが上から営業部門に下りてくるため、売上数字以外の具体的な目標を描きようがないと話していました。

しかし、曖昧な目標を無視することはできません。

目標は売上数字を掲げるだけでなく、チームのメンバーの自主的な行動を促す内容を盛

り込むのが理想で、そうしないと上司に言われたことしかやらないようになってしまいます。覇気がなかったり、指示待ち体質だったりするのはまさにその弊害です。

また、営業マン一人ひとりは頑張っているものの、部全体の成果としては乏しいという状況でした。

私はコンサルティングに臨む際、問題の原因を当事者に話し合ってもらうブレインストーミングの時間を設けています。H社の営業部門の方々にも、目標達成できない理由をテーマに実践してもらいました。

いつもの流れにしたがい、理由を付箋に書き出してもらい、グルーピングしてボードに貼り付けていきます。すると、単独プレーがひと際大きな理由として目立ちました。

単独プレーとは属人化であり、業務内容や業務フォローが特定の社員しかわからない状態を指します。H社の営業部門の場合でいえば、営業マン個々人が顧客のニーズや顧客との関係構築のノウハウを抱え、チームのメンバーに共有されていないことでした。結果、営業マンの成績に差が生まれ、チームや部の目標未達につながるのです。

そのため話し合いでは単独プレーを解消すべく、営業マン各人が持つノウハウをチームのメンバーで共有し、チームの協力態勢を高めるという結論となりました。

ただ、この結論に難色を示した営業マンもいました。成績が優秀な営業マンです。なぜだかわかりますか？

自分が築き上げた営業ノウハウを明らかにするわけです。すんなり了承できないのは当然ですよね。

ですが、個人の成績をいくら伸ばし、評価を得られても、チームや部の成果が芳しくなかったら、報酬は上がっていきません。組織の目標達成があってこそボーナスがプラスアルファとなるからです。

難色を示した優秀な営業マンの方には、その旨を説明しました。メンバーと情報をシェアするチームの底上げは自身の成長につながることも伝え、納得してもらいました。

アフター

では、H社の営業部隊を仕切る課長さんに対し、どんな改善策を提案したのか。

一番のポイントは、「内部目標」をつくることです。

内部目標とは、組織の部内だけに適用される規定や目標を意味します。

会社の売上目標を踏まえた数字だけを押し付けても、チームのメンバーにやる気は芽生えません。逆に数字に追われるプレッシャーを与え、疲弊させてしまいます。そこで内部目標を設け、自主的な行動を促すようにしたのです。

具体的には、**訪問した顧客の情報を営業日報に記載し、チーム内で共有することにしました。日報の報告件数をカウントしてルール化したこと、自分の中だけに閉ざされていた情報をチームの資産とすることに大きな意味があります。**

ここまではファーストステップです。

次に日報の内容のブラッシュアップをお願いし、顧客の心に響いた言葉や、受注が取れたときにはどんな話をしたかなど、営業ノウハウのレベルまで質を高めてもらいました。日報の提出方法も見直し、エクセルを使って個別に提出するやり方をやめ、クラウド上のデータサーバーに保存して共有できるようにしてもらいました。

そのうえでH社では週1回の課内ミーティングを開き、チーム内の情報共有度を高める話し合いを行いました。

すると課長さん曰く、2つの効果が表れたといいます。

ひとつは、勝ちパターンの共有による受注の回復です。営業ノウハウの蓄積から顧客獲得につながりやすい手法を見出し、チーム内で共有することによって各所で成果を生んだのです。

勝ちパターンはスクリプト（ひな型）としてまとめ、チームのメンバーが利用しやすい形になっています。属人化を解消したその仕組みも欠かせません。

もうひとつは、他部署との連携による組織力の向上です。

営業部門では詳細な日報が定着しました。アウトプットが習慣化したことにより、顧客情報のまとめを他部署に提供し、連携するようになったのです。他部署との連携はシナジーを生み、組織力の向上に通じます。

こうした効果が表れ始めたとき、私は課長さんにチーム全員の前で担当者をほめてあげてくださいと頼みました。

実際、課長さんは、

「○△さんの◎▽という営業ノウハウのおかげで、●▲さんが受注につながった。ありがとう！」

「◇□さんの■●の顧客情報のおかげで、◆■さんはトラブルを解決できた。感謝します！」

などと、みんなを前に何が良かったかを具体的に挙げて感謝を伝えたそうです。ただ「ありがとう」と伝えるより、具体的に何が役に立ったのかも加えて伝えるとより気持ちが伝わります。

自分の行いがチームの役に立ったり、助けになったりするのは誰でもうれしいものです。それを本人に認識させ、モチベーションをアップさせるのはリーダーの務めといえるでしょう。

また、課長さんは月間単位で日報の報告件数が多いメンバーを表彰しました。自腹を切って賞品を購入し、月末の表彰式で手渡していたのです。品物自体は決して豪華なものではありません。それでも上司がポケットマネーで用意してくれたことにチームのメンバーは感動し、喜んでいたのが印象的でした。

さまざまな取り組みの結果、営業部門の雰囲気は様変わりしました。最初にH社を訪問して営業部隊の方々に会ったときはどんよりしたムードで、挨拶に応じてくれる人もまばらだったのですが、それまで未達だった目標をクリアし始めてから変化が見られ、継続的に目標達成するようになったときには明るさ満開、活気ある職場に一変したのです。

営業の売上数字でいうと、毎月の目標値に対する達成率が平均70％程度だったのが、半年で最高120％以上まで躍進しました。また複数人でお客様対応をすることが可能になり、お客様からも手厚い対応と明るい営業の雰囲気を喜んでいただき、顧客満足度も高まりました。

5 目標達成度合いを測るチェックシート

ここからいよいよ本題です。ただその前に、現状把握をしておきましょう。

組織やチームの目標達成を目指すうえで、自分たちの現在地を知っておくのは重要なことです。

58ページに目標達成度合いを測るチェックシートを掲載しています。同シートは私が主催する管理職研修で利用しているものです。こちらにチェックを入れ、4つの項目「**組織**

ビジョン力」「目標設定力」「目標管理力」「改善力」の合計点数をそれぞれ計算して書き出してみてください。

点数の低い項目が自社の組織やチームのウィークポイント、すなわち弱点です。逆に点数の高い項目は自社の組織やチームの強みになります。強みと弱点を知り、弱い部分を強化するのがセオリーです。

ミッション、ビジョンがつくられていなかったり、目標の設定や管理が甘かったりするなど、現時点で点数が低く出る企業もあるかもしれません。

しかし裏を返せば、改善の余地や伸びしろがあるということです。あきらめることなく、改善に取り組みましょう。

[図4] 目標達成診断シート

評価は、YES=3、どちらともいえない=2、NO=1　評価　合計

		評価	合計
組織ビジョン力			
1	ミッション、ビジョンが定義され、組織全体で共有されている		
2	自社や自部門の存在価値や意義をわかりやすく伝えている		
3	ミッション、ビジョンは社員or組織メンバーにとって魅力的なものになっている		
4	社員は、ミッション、ビジョンを書いてある物を見ずに唱えることができる		
5	ミッション、ビジョンは組織行動において、判断のベースになっている		
目標設定力			
1	目標は誰が読んでもわかり、具体的な表現や言葉で書き表されている		
2	目標は定量化されたものになっている		
3	希望や願望ではなく、ストレッチをして達成可能な目標になっている		
4	会社の戦略・方針に沿って、全社目標から組織目標、個人目標が連携されたものになっている		
5	いつまでに達成するのか、期限は明確になっている		
目標管理力			
1	目標達成のためのKPIが、日単位、週単位、月単位で定められている		
2	社員は、当該月及び翌月の具体的な行動計画が立てられている		
3	進捗度合を把握するためのデータ収集の仕組みが確立されている		
4	売上、経費、利益、受注数などのKPIは、日単位や週単位で状態がわかり、目標未達になりそうな場合は、対策が取れる状態になっている		
5	想定外の事態の時、迅速にエスカレーションできるルートが確立されている		
改善力			
1	データを使って、なぜ達成しているか／しなかったか、原因分析ができる		
2	原因が分析され、何を改善すべきか、チームもしくは組織で理解できる状態である		
3	改善のために、誰がいつまでに何をするかが明確になっている		
4	何を改善したら、どのくらい変化したか等、実施した結果をチームに共有する仕組みがある		
5	共有されたものが、次や他に活かされる習慣ができあがっている		

6 ユニゾン経営で目標達成する4つのステップ

私はこれまでの経験をもとに、ユニゾン経営という新しいマネジメント手法を考案しました。組織やチームに一体感を生み出すことを核とし、目標達成を実現するものです。

ユニゾン経営をひと言でいうと、次のように表現できます。

社員一人ひとりの強みを集結させ、働く幸せと業績の向上につなげる、物心両面での幸福を追求する経営

組織やチームの力を最大化し、目標達成することがゴールです。目標達成は単に数字上のものだけではなく、社員の幸福とリンクしていることを特徴としたマネジメントの新しい形です。

本書で紹介するユニゾン経営は、次の4つを柱としています。

ステップ1 目標づくり

目標づくりが第一歩になります。目標の設定や管理を基本に、チームのルールやメンバーのモチベーションを上げるプラスアルファの要素などを押さえます。

ステップ2 チームづくり

一体感に直結する最重要テーマです。チーム形成のポイント、コミュニケーションのあり方、心理的安全性の確保、貢献意欲に結び付く自己有用感を高める方法、フィードバックの効果的な手法など、マスターすべきことは盛りだくさんです。

ステップ3 環境づくり

環境として、やりがい、働きがいのある職場は欠かせません。そのためにチームメンバーの頑張りを正しく評価する仕組みを整える、フィロソフィを浸透させる、メンバーへの適切な接し方、ダイバーシティマネジメントなども学んでいきましょう。

ステップ4 自分づくり

最後は自分磨きになります。リーダーとしての器を大きくし、人間性を高める学びを心得てください。

この4つのジャンルについて第3章から順にそれぞれのノウハウを解説していきます。

第3章

リーダーがやるべき目標づくり

1

少し背伸びした目標設定が成長を促す

会社の目標を決めるのは経営者、経営陣の役目です。しかし、決まった目標が下りてきたとき、その目標を達成するための売上や契約件数などの目標数字の設定に悩む人が多いのではないでしょうか。

目標数字が高すぎると達成は困難なため、チームのメンバーのモチベーションは上がりません。かといって低すぎても達成は容易なものの、成果はあまり望めません。

多くの場合、「昨年と同じ」などの達成しやすい保守的な目標を立てがちですが、組織の人や企業の成長のためには挑戦的な目標設定が必要です。

そこで指針のひとつとなるのが「ストレッチゾーン」に位置する目標です。

人間の成長空間は、コンフォートゾーン、ストレッチゾーン、パニックゾーンの3つに分けられます(図5)。このうち、適度なストレスとちょっと背伸びをした挑戦によって成長度合いがもっとも高いのはストレッチゾーンです。

［図5］メンバー成長のための3つのメンタルゾーン

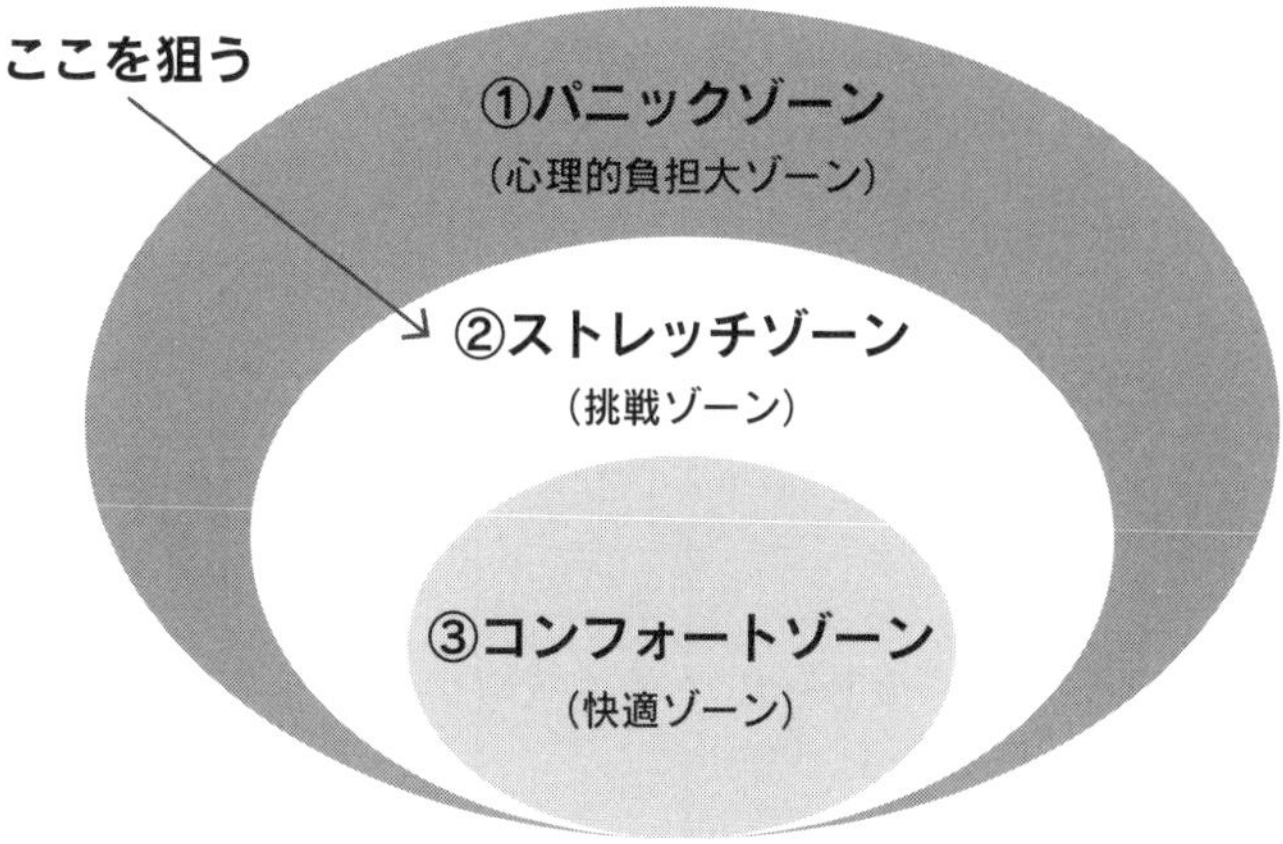

高い目標や難しい壁を乗り越えるほうが成長度合いは高い。
人によって高さを見極める。

①パニックゾーン	②ストレッチゾーン	③コンフォートゾーン
・強い不安やプレッシャーを感じる ・精神的負担が大きい ↓ 成長どころではない。 つぶれてしまうリスク有	・少しストレスを感じながら、背伸びをしてチャレンジする ↓ **成長し続ける領域**	・ストレスがなく、居心地がよい状態 ・慣れ親しんだ環境 ・自分でコントロールできる範囲 ↓ 成長しにくい

▼

メンタルゾーンを見極めて、業務、役割、権限など、
ちょっと背伸びをした経験を与える

したがって、目標設定において同ゾーンを意識するのは有効といえるのです。

具体的な数値でいうと、ストレスフリーのコンフォートゾーンが標準の1・0となるため、ストレッチゾーンは1・2〜1・3、すなわち20〜30％アップの目標値になります。

売上や契約件数においてはこの幅を頭に置くようにしましょう。

2 高い目標設定における2つの注意点

少し背伸びした目標設定は組織やチームの成長を促すうえで欠かせません。ただし、単に高い目標を掲げればよいというわけではなく、リーダーは2つの点に注意する必要があります。

1点目は、目標達成した先のプラスの世界をメンバーにイメージさせることです。

チームのメンバーは高い目標を達成できるかどうかの不安やプレッシャーを感じます。

このとき、目標をクリアした先にプラスの世界が待っていることをイメージできたら、どうでしょうか。ネガティブな気持ちは和らぎ、前向きに高い目標に臨めるはずです。

たとえば、目標達成がボーナスに反映されることをきちんと伝えているでしょうか。目標達成により会社の利益が上がって業績好調であれば、通常はボーナスの金額も増えます。つまり、自分やチームの頑張りでボーナスの金額も変わってくるのです。

リーダーがそういった話をして頑張った先の明るい未来を描ければ、メンバーのモチベーションは上がるでしょう。

2点目は、目標数値をブレさせないことです。

会社で掲げられる目標には「経営目標」「組織目標」「個人目標」の3つがあります。経営目標は会社全体の目標を指し、組織目標はチーム、個人目標は個人に課せられる目標です。経営、組織、個人それぞれの目標は連動し、リーダーは経営目標を踏まえてチームの目標を設定します。

たとえば、チームの売上目標を月200万円に設定したとしましょう。経営目標を踏まえて導いたものですが、チームのメンバーに伝えると、「ちょっとハードルが高いなあ……」などと反発を招くケースも見られます。管理職にありがちな板挟みの状態です。

その際、安易に目標数値を下げるようなことはしてはなりません。数値のブレはリーダーの意思のブレを意味し、何より目標達成への熱量の低さを示してしまうため、チームの士気を下げるマイナスの影響を与えます。

リーダーがとるべき行動は高い目標を目指す理由を、自分の言葉でチームのみんなにしっかり伝えること。その言葉が信頼を生み、熱意の表れとなってやる気を与えることになるのです。

3 定量目標と定性目標

目標設定は、計画に基づいた年間の目標があり、それを半期、四半期、月というように、ブレイクダウンして設定するのが基本です。

この目標をさらに分類すると、「定量目標」と「定性目標」に分けられます。どちらも会社にとって必要不可欠となります。

定量目標とは、数値や数量で表す目標です。今期・半期・四半期・月単位の売上目標や1日当たりの商談の件数などについて、

・今期1億円の売上を達成する（前期比30％増）
・1日の新規顧客を10件増やす

といった形で目標設定します。

数字で表現するため、目指す目標をわかりやすく示せるのが利点です。管理の面では、「目標を達成できたかどうか」「目標達成まで何をすべきか」を把握しやすく、目標の達成状況や進捗状況を客観的に判断できるのも利点です。また、実績や成果について、人事評価の公平性を保てるのもメリットといえます。

一方の定性目標とは、数値化できない目標です。顧客に対する姿勢、業務に必要な能力や資質などを踏まえ、

・顧客満足度を上げる
・コスト意識を高く持てるようになる

といった形で目標設定します。

目標達成に向けた行動を示すのが定性目標であり、その行動を指針とできるのが利点です。管理の面では、実績とは別の要素となる、社員の働きぶりや仕事ぶりなどを評価できるのも利点です。成果に至るまでの行動に着目し、その価値を測ることから「行動目標」

と呼ばれることもあります。

定性目標は達成基準が曖昧になるデメリットを頭に入れておかなければなりません。したがって、どういう状態を目指すのか、具体的に示すことです。

達成基準を定量化して数字に落とし込めるのなら、そうしましょう。

たとえば、顧客満足度を上げるという定性目標の場合は、毎年お客様にアンケートをとれば、その回答から数値化が可能で、「前年度○%アップを目指す」というように定量目標に変換できます。

定量・定性の使い分けは大切ですが、目標は可能な限り定量化し、「見える化」することにより、目標達成につながるのです。

4 内部目標をつくる

定量、定性を使い分けて大きく打ち立てる目標ではないものの、チームのメンバーに意識してほしい事柄があったとします。そのような場合、内部目標をつくるのもひとつの方法です。

内部目標とは第2章で紹介したH社の事例（49ページ）で説明したとおり、組織の部内だけに適用される規定や規則（目標）を意味します。ちょっとした決め事を内部目標として取り組んだことにより、組織やチームが良い方向に様変わりするのは珍しくありません。H社もその変化を遂げた一社でした。

49ページでは触れられなかったのですが、H社の内部目標には「毎日相手の顔を見て挨拶をする」という項目も並びます。挨拶なんて当たり前と思うでしょう。しかし当時のH社の営業部門では挨拶が習慣化されておらず、部内のムードを悪くしていたので取り入れたのです。

単に「挨拶しよう」と口頭で伝えても、大抵は徹底されません。そこで挨拶の進捗状況を見える化するための専用シートをつくり、ニコちゃんマークのシールを貼りリーダーをはじめ各人にチェックしてもらうようにしました。これで挨拶したかどうかを自身で確認でき、同時に意識も高まっていきます。

挨拶は2か月ほどで部内に浸透しました。大きな声で元気よくを基本とした挨拶は、する側、される側ともに心を軽くし、晴れやかな気持ちになるものです。H社では職場の雰囲気が格段に明るくなりました。

内部目標の内容は、組織やチームにプラスとなることなら何でもいいでしょう。どんな小さなことでも、習慣化されれば効果は必ず表れます。

内部目標はチームや組織の目標と密接に関係するものです。したがって、結果的にチームや組織の目標達成が後押しされるのです。

5 目標設定5つのポイント＋1

ここまで目標設定の話を中心に述べてきました。

そもそも目標設定には、押さえておくべき基本的なポイントがいくつかあります。

たとえば、目標は誰が見てもわかりやすいものでなければなりません。曖昧な表現や言葉を使うのはNGです。

自社の「ミッション（社会に存在する意義）」、「ビジョン（理想とする会社像）」に合致していること、会社の戦略および方針に沿っていることは大前提になります。目標には期限が必要です。いつまでに達成するのか、明確に期日を提示しなければなりません。

これら5つのポイントをまとめました（次ページ図6）。

5つのポイントはチーム共通の目標とし、目指すべき最終地点です。チームの目指すべき姿、果たすべき使命である5つのポイントを踏まえ、思いをひとつにします。みんながベクトルを合わせて向かうところです。

共通のゴールは基本的にリーダーがあるべき組織の目標として意志をもって決めます。ただ、リーダーが一方的に決めるのではなく、目標設定する際にメンバーも加わって決める部分もあると、メンバーはより自分事として捉えることができ達成への意欲が高まるでしょう。

[図6]目標設定5つのポイント＋1

S **Specific（わかりやすく）**	誰が読んでもわかる、明確で具体的な表現や言葉で書き表す
M **Measurable（測定可能な）**	目標の達成度合いが本人にも上司にも判断できるよう、その内容を定量化して表す
A **Achievable（達成可能な）**	希望や願望ではなく、その目標が達成可能な現実的内容かどうかを確認する
R **Related（経営目標に関連した）**	自分が所属する部署の目標、会社の戦略・方針に沿っているものにする
T **Time bound（時間制約がある）**	いつまでに達成するのか、期限は明確になっているか

＋

共通のゴール

皆がベクトルを合わせて向かうところ。
共通のゴールがあるからワンチームになれる。

6 目指す目標はＫＧＩとＫＰＩで把握する

リーダーの目標設定を有効的に機能させるために、「ＫＧＩ」「ＫＰＩ」と呼ばれる２つの指標の活用をおすすめします。

ＫＧＩとは、「Key Goal Indicator」の略称で、日本語では「重要目標達成指標」と訳されます。**売上高など組織やチームが目指す「最終目標」にあたるもの**です。前述した共通のゴールをＫＧＩと捉えればいいでしょう。

ＫＰＩとは、「Key Performance Indicator」の略称で、日本語では「重要業績評価指標」と訳されます。**最終目標の実現までに必要なプロセスを評価する「中間目標」にあたるもの**です。

目標達成において、
・ＫＧＩ＝最終目標のゴール
・ＫＰＩ＝過程の旗印
と認識し、定量化した数値を打ち出して挑みます。

[図7] KGIとKPIの違い

項目	KGI	KPI
名称	重要目標達成指標 経営目標達成指標	重要業績評価指標 経営業績評価指標
達成地点	最終目標	中間目標
達成期間	1～5年	1～3か月
特長	最終目標を定量的に表した指標	KGI達成プロセスの進捗評価のために設定する定量指標
具体例	売上高1億円 (前年比売上高20%アップ)	月成約件数20件

出典：HR NOTE

ＫＧＩ、ＫＰＩのＩはインディケーター（indicator）の頭文字で指標を意味します。

ＫＧＩ、ＫＰＩを目標値として掲げ、達成に向けて臨んでいきます。

まずＫＧＩを掲げ、その実現に向かってＫＰＩを設定するのが基本です。ＫＰＩをクリアすることでＫＧＩもクリアできるという流れです。

具体例を交えて説明します。

ＫＧＩの期限は年単位が一般的です。その期限内に達成すべき数値を最終目標（ゴール）とします。

たとえば営業部門であれば、「売上額」「成約数」「成約率」などが対象になります。

- 年間の売上額〇円
- 年間の成約数〇件
- 年間の成約率〇％

といった形です。

一方、ＫＰＩの期限は月単位をはじめ、四半期、半期が一般的です。ＫＧＩの達成に必要な中間目標（過程）を設定します。先の営業部門のＫＧＩでいえば、売上額、成約数、成約率などを達成するための目標数値を掲げます。

たとえば年間の成約件数をＫＧＩとして設定した場合、月ごとのＫＰＩは、

・月の顧客アポイント数〇件
・月の訪問件数〇件
・月の新規顧客の獲得数〇件

といった形です。

ＫＧＩが示すのは前述したとおり最終目標のため、目指す指標がＫＧＩのみだと、ゴールに到達した結果でしか状況をつかめません。しかし、ＫＰＩを設定することで自分たちがいまどこにいるのか、進捗の数字をつかめます。過程の旗印としてＫＰＩを置く意義はそこにあるわけです。

ＫＧＩとＫＰＩにより目標達成の「ゴール」と「過程」が明確になれば、成すべきことがハッキリします。チームのメンバーの主体的な行動を呼び、モチベーションの維持や向上にもつながるのです。

注意すべきなのはＫＰＩの設定です。ＫＧＩを達成できるか否かはＫＰＩの内容にかかっています。ＫＧＩの実現を踏まえた内容になっているかどうかをチェックしましょう。

7

ＫＰＩは定点チェックする

ＫＧＩに対するＫＰＩを設定することで、目標達成のゴールにどのくらい近づいているのか、計画どおりうまくいっているのかなど、進捗状況を把握することができます。

ＫＰＩを数値化しているため、判断しやすいのです。また、数値化により、棒グラフや円グラフなどを使って可視化でき、管理も楽になります。

したがって、ＫＰＩを設定したら終わりというわけではありません。進捗を定期的にチェックしていきます。

ＫＰＩ設定後の目標管理の方法は、ＰＤＣＡサイクルを回すことが基本です。Ｐｌａｎ（計画）を受けて、Ｄｏ（実行）→Ｃｈｅｃｋ（検証）→Ａｃｔｉｏｎ（改善）を実行するのです。この繰り返しによってＫＧＩの達成率を高められます。

ＫＰＩのチェック頻度は最低でも毎月行うことをルール化してください。企業や組織によっては四半期に一度など1か月以上の期間をとるところも見られますが、たとえば3か月スパンの場合、ＫＰＩが計画から大きくずれていたら、その時点では取り返しのつかないことが多いのです。検証、改善の余地がある最低ラインとして、月ごとのチェックを習慣にしましょう。

ＫＰＩの達成率が低かった場合、サイクルが短いほうが課題に早く対処できます。検証、改善の行動によって計画のずれを調整し、結果的に目標達成のゴールをクリアできるのです。

ちなみに、ＫＰＩの計画のずれには、マイナスもあればプラスもあります。マイナスは計画した数値を下回ることで、プラスは逆に上回ることです。マイナスの場合、計画どおりの数値達成に向けてリカバリーするよう努力しなければなりません。リーダーはその手腕が問われます。

なお、ＪＡＬ再生を主導された稲盛さんには、設定したＫＰＩの大きなマイナスはもちろん、プラスでも叱られました。プラスなのは計画の立て方が甘い表れで、ＫＰＩを低く見積もっていた、保守的という見方もできるからです。目標、計画に対する向き合い方を学びました。

8 目標管理はP＋PDCA

KPIによる目標管理は数字がベースになります。ただし、単に数字だけを追うのは間違いです。リーダーが数字だけの進捗にこだわっていたら、どうなるでしょうか。チームのメンバーも数字だけに縛られ、疲弊していくばかりです。

目標には必ず意義があります。企業として、なぜその目標を達成する必要があるのか、何のための目標なのかといった本質的な要素です。

意義は目標設定の段階で伝えます。数字とともに、次のように問いかけます。

「うちの会社は〇〇〇をミッションとしている。ミッションの実現に向け、今期は年間売上〇億を計画しているため、各人にはこれだけの目標達成を目指してほしい」

数字は意義とセットでメンバーに認識されていなければなりません。

チームが目標の数字を目指すとき、うまくいかずメンバーの士気が下がることもあります。その際、リーダーはメンバーに意義を思い出させ、再び奮起する原動力としてもらうのです。

[図8]目標管理P+PDCA

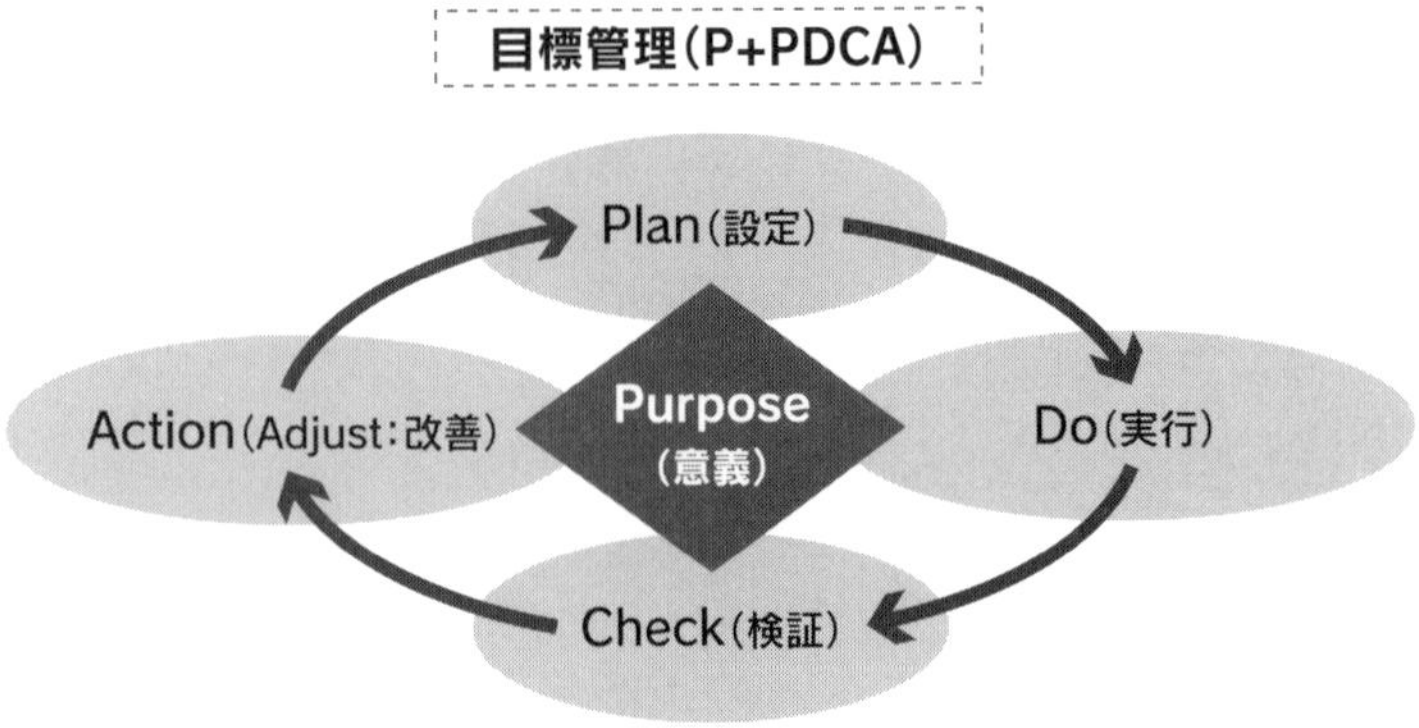

目標設定した後、すんなり目標達成するケースはほとんどなく、さまざまな課題に対応しながら(PDCAを回しながら)、達成に近づいていく。
Purpose(目標の意義、なぜこれをやるのか、なんのための目標か)を組織で共有しながら進める。目標をどう伝えるかで社員のモチベーションにつながる。

チーム内で意義を認識しながら、数字を中心にPDCAで進捗のチェックを進めるのが目標管理の望ましい形になります。私は意義をパーパス(Purpose)としています。目標に対する意義が腑に落ちているからこそ、PDCAがうまく回っていくといえるでしょう。

数字と意義がチーム内に浸透すれば、メンバーの仕事に取り組む姿勢やモチベーション、そして最終的なアウトプットまで大きく変わってくるはずです。

コンサルティング企業の事例1（IT企業・離職率、職場環境の改善）

クライアント企業情報

IT の保守・ネットワークを業務とするG社。社員約１００名

課題

とにかく多忙で仕事に追われ、残業も多く、社員は常に疲れている。自分の仕事をこなすのに精一杯で、ほかの人のことまで気が回らない。気持ちの余裕がないため、チームのメンバー間もギスギスしている。その結果、作業ミスや品質悪化によって顧客に対する無償作業が増加し、会社の収益に影響を及ぼすようになった。また、職場に活気がなく、同じようなルーティン作業に社員は自己成長を感じられず、退職者が後を絶たなくなった。

ビフォー・原因分析

- 作業が担当者のタコつぼ的なやり方になっており、ほかの人と共有できない
- 作業がブラックボックス化しており、ほかの人へ仕事が依頼できない
- 一人がすべての作業工程を担っているので、ミスが見抜けない

・作業計画やタスク管理がなく、場当たり的な仕事になっている
・リーダーはタスクが見えず、管理ができない
・優先順位は担当者任せ

アフター・対応策

・作業の棚卸を行い、自分でやる仕事とほかに任せる仕事を切り分け、後者は切り離す
・担当者とリーダーの役割分担表を作成
・マニュアルを整備
・各自の作業計画とタスク管理を可視化
・リーダーはタスク計画とその実績を管理
・チームで優先順位を決め、エスカレーションの条件も決める
・目標設定の改善及び評価制度の見直し

クライアントのＩＴ企業・Ｇ社からの依頼は、「離職者の増加をどうにかしてほしい」ということが第一でした。離職者の増加は会社経営にマイナスでしかありません。売上の減少、採用コストの増加などを招き、最悪の場合、経営が立ち行かなくなってしまいます。

まずは原因を究明すべく、G社の経営者、リーダー、社員の皆さんへインタビューを行いました。そこで見えてきたのが【課題】や【ビフォー】に掲げた項目です。

社員の皆さんはとにかく忙しく、日々仕事に追われている状態でした。インタビューを重ねると、仕事のやり方に問題があるのは明らかでした。にもかかわらず、経営者、リーダーはその事実を認識していません。多忙を極める中、作業ミスや品質悪化を引き金に収益ダウンを招くようになります。そして、仕事の意義ややりがいを見出せない状況に嫌気がさし、退職者が続出していきました。

原因分析を踏まえ、目標としたのは「収益」「離職率」「職場環境」の改善です。これら3つの課題には仕事のやり方が問題となっていたため、【アフター】に掲げる対応策をアドバイスして実行してもらいました。

社員の皆さんに作業の棚卸を行ってもらい、自分の仕事とほかに任せられる仕事を分類したことと、役割分担を明確にしたのが大きなポイントです。2つの施策で各人の仕事量を減らすことにより、疲れ果てて会社を辞める選択に歯止めをかけられます。同時に収益や職場環境の改善にもつながります。

そのうえでマニュアルを整備し、作業計画とタスク管理を可視化しました。各人は仕事を進めやすくなり、リーダーも管理しやすくなるのが利点です。

加えて、タイムマネジメントの研修を実施し、目標設定の改善と評価制度の見直しを行いました。

効果

・収益15%向上
・離職率30%低下
・社員に笑顔が戻る

G社との契約期間は約1年間。コンサルティング後、社内の雰囲気、売上などの数字に少しずつ変化が見られるようになり、約1年後には対前年比で収益15%アップ、離職率30%低下を実現できました。併せて職場が再び活気に溢れ、社員の皆さんにも笑顔が戻ったのが印象的でした。

第4章

リーダーがやるべきチームづくり

1 成果への意識とチームワーク力を持つ

リーダーは目標を達成できるチームづくりを考えなければなりません。そのカギを握るのが、「成果への意識」と「チームワーク力」です。

次ページの図9を見てください。縦軸は成果への意識、横軸はチームワーク力とし、その強弱によって4つのタイプのチームを示しています。

- **停滞型**
- **個人至上型**
- **仲良しクラブ型**
- **成果達成型**

の4つです。それぞれのチームの特徴を説明します。

「停滞型」

このチームは成果への意識が低く、チームワーク力（協力態勢）も低い状態です。成果

［図9］チーム形成のポイント

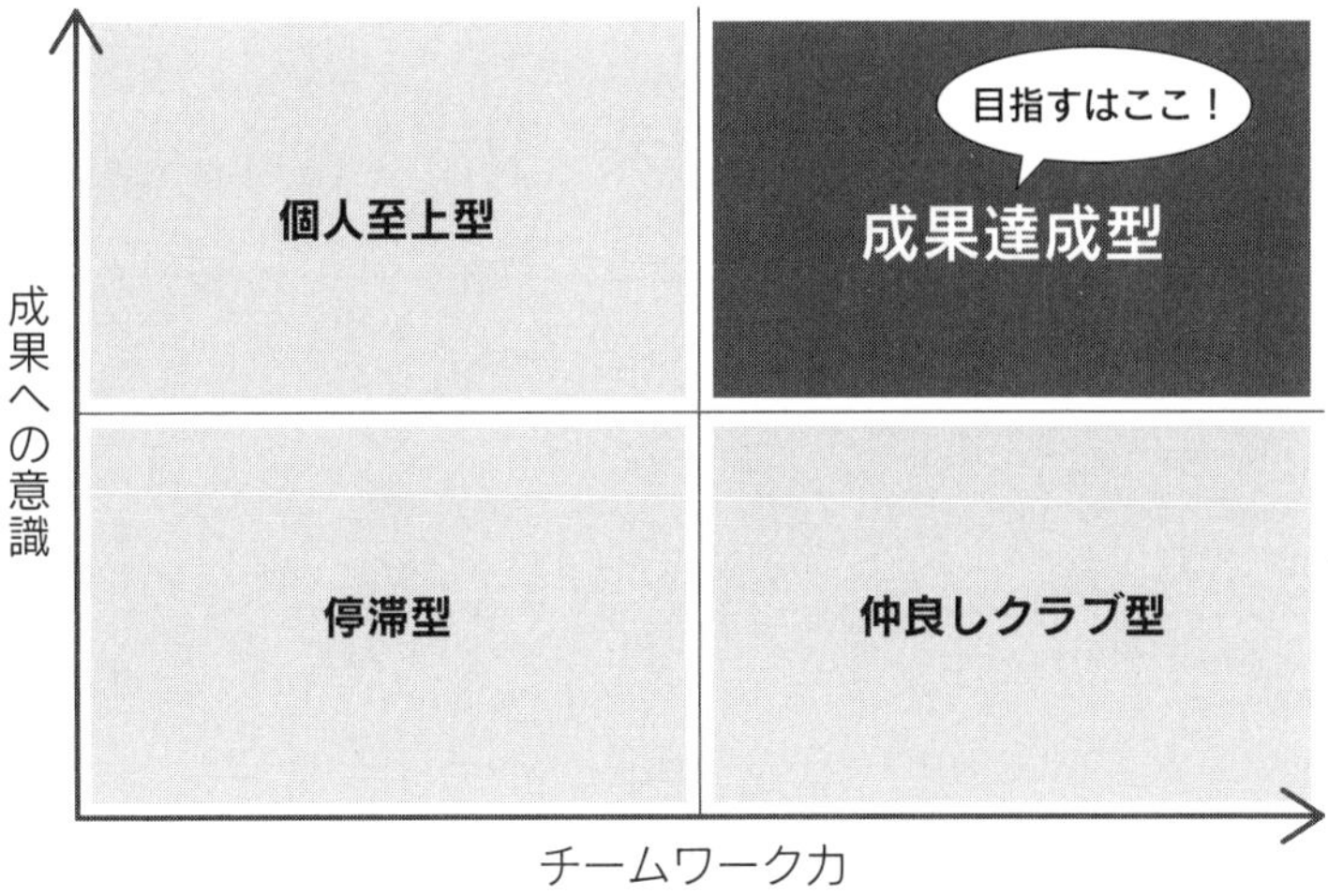

を上げることに対してあきらめや冷めた意識を持ち、自分事として捉えられません。誰かがやってくれるだろうという他人依存の傾向があります。

「個人至上型」

ソロプレイヤー型ともいえるタイプで、一部の意識の高いメンバーは成果を上げます。もしくは、メンバーそれぞれは成果を上げるものの、チームとしての協力態勢は低い状態です。チームの力は分散し、成果の上がり方は足し算の範囲に留まります。

「仲良しクラブ型」

チームメンバーの仲は良く、協力態勢にあります。ただし、成果への意識が低く、コンフォートゾーンを越えません。うまくいかないときや成果が出ていない場合でも問題を明確にしようとせず、具体的な解決策もないまま馴れ合いの状態に終始します。

「成果達成型」

チームメンバー全員が成果への意識が高く、それぞれが自分事として捉えて主体的に動きます。メンバー同士で協力し合い、お互いの特性を活用しながら、共通の目標に向けて取り組む態勢です。結果、チームの相乗効果（シナジー）を生みます。

4つのチームの特徴、それぞれの違いを読み取れたでしょうか。チームの目標達成を着実なものにする、目指すべきタイプは「成果達成型」になります。皆さんのチームはどのタイプにあてはまるか、一度考えてみてください。

2 指示タイプから委任タイプのリーダーへ

4タイプのチームのうち、「成果達成型」を目指すべきと述べました。このタイプの特徴は、「メンバーそれぞれが課題を自分事として捉えて主体的に動き、お互いに協力し合う」ことにあります。リーダーが常に細かい指示を出すと、メンバーは考える必要がなくなるため、指示待ち状態に陥ってしまいます。

リーダーなので指示は出します。重要なのは出し方です。指示の出し方にはコツがあるのです。

まず、「WHY（目的、なぜやるのか）」と「WHAT（何をやる）」を伝えます。「HOW（どうやる）」についてはメンバーに考えてもらいます。

場合によっては、「WHY」だけ伝え、「WHAT」もメンバーに考えてもらってもいいでしょう。それぞれの特性に応じて「HOW（やり方）」の工夫をしたり、新たなアイデアを出していけるようにするのが狙いです。

ただし、リーダーは相手とその時々に応じて、指示の出し方を変える必要があります。たとえば、新人や異動したての人など、仕事のやり方がわからない人には、「HOW」まで伝えます。また、トラブル対応などで緊急を要し、即時に手を打たなければならない場合にも、「HOW」まで伝える場合があります。

リーダーは一方的に指示を出すのではなく、メンバーの声に耳を傾けるのが一番のポイントです。「どうすればいい?」「どうしたい?」などと質問を投げかけ、意見を引き出します。そして、メンバーが考えてやろうとすることに対しては余計な口出しをせず、任せることです。**リーダーがやるべきは、リスクと責任を取ることであり、また任せ放しにして放置せず、フォローをすることです。**

特に経費削減策の実施など社員がマイナスの感情を抱きやすいことは、リーダーからトップダウンで指示をすると、押し付け感や締め付け感を与えたり、やらされ感を生じさせたりするので、「WHAT」もメンバーに考えてもらうのも良い手です。

たとえば経費削減策を検討してもらうなら、「なぜ経費削減をする必要があるのか」目的を明確に伝え、加えて「半年後にはここまで黒字化して、例年と同様の水準のボーナスが支払えるようにしたい。そのためにはどうしたらいい？」など未来に向けた話をすると、メンバーのやる気が出てきます。リーダーだけでは限定的な考えとなりますが、メンバーにも考えてもらうことで、アイデアの幅が広がるのです。

導き出された答えは、メンバー本人の意志です。上から言われたことではないため、自分事として問題を捉えるようになります。アイデアが生まれる過程でメンバーのミッションや役割も決めて実行していきます。

このように、リーダーが一人でやるのではなく、メンバーにも任せて考えや意志を引き出す委任タイプのリーダーを目指しましょう。

3 チーム力を左右する、コミュニケーション3つの基本姿勢

チームづくりで欠かしてはならない大切な要素がメンバーとのコミュニケーションです。

リーダーのコミュニケーション力によって、メンバーの能力の発揮度合いが変わってきます。

[図10]能力を引き出す委任タイプのリーダーとは

トップダウンで意見を聞かない
指示タイプのリーダー

「ああしろ」「こうしろ」と指示を出す。

☑答えは指示している人にあるため、指示されたほうは自分事になりにくい
☑人の話を聴かない傾向にある
☑解決策が固定的になりがち
☑自由に意見が出にくい
☑繰り返されると、指示待ちで言われたことしかできない人が増える

メンバーの意見を聞き能力を引き出す
委任タイプのリーダー

「どうしたい？」、「どうすれば、解決できる？」など質問を投げかけ、相手の気持ちや意見を引き出す。

☑答えは相手にあり、自分事になりやすい
☑傾聴が得意
☑さまざまなソリューションが出てくる、自分では気づかない視点や方法が得られる
☑自由闊達に意見が出やすい
☑自ら考えて動く人が増える

チーム力上がる

コミュニケーションというと「話すことが上手」とイメージされる方もいらっしゃるかと思いますが、まず大事なことはリーダーの受け止める姿勢です。

基本の姿勢は次の3つ。加えて、リーダーの日頃からのあり方（後述するエ・カ・キ）も大切です。

3つの基本姿勢は「傾聴」「共感」「受容」になります。

1 傾聴

相手に寄り添いながら話を聴くことです。単に耳を傾けるだけではありません。「聴く」は身を入れて聞くという意味です。相手の考えていること、感じていること、思っていること、願っていることなどを聴き、真剣に相手を知ることを指します。

2 共感

相手の感情や状況を、相手の立場になって同じように感じることです。感じ取るだけではなく、自分が感じたものをフィードバックして、相手との感情や状況の一致を図ります。

3 受容

相手の思考や感情をそのまま受け入れることです。否定したり、批判したりせず、ありのままの状態を受け入れます。そして、相手の思考や感情を受け止める態度を示し、認知します。

傾聴により相手の話を聞くのは全体の80％程度と意識すべきです。大部分を聞き役として接する必要があるわけです。

また、**傾聴には共感や受容が必要不可欠です。傾聴を第一とし、相手の話に共感したり、受容したりしながらコミュニケーションを図ります**。アイコンタクトやうなずきなどの非言語コミュニケーションも共感や受容を示すことも大切です。そうすることによって相手との信頼関係を築くことができるのです。

といっても、以前の私はダメダメの管理職で、傾聴、共感、受容のすべてができていませんでした。

たとえば、チームのメンバーが相談に来たとき、傾聴して共感・受容しなければならないのにもかかわらず、話を聞きながらも頭の中で答えを用意していました。メンバーが考えていることを打ち明けているのに対して、自分の正解は頭にもち、最終的には自分の答えに誘導していたわけです。

［図11］日頃のエ・カ・キ

日頃のエ・カ・キ

笑顔　常に笑顔でいる。場を明るくする

感謝　どんな些細なことにも
「ありがとう」「いてくれてありがとう」、
この気持ちを込めて感謝を伝える

気配り　相手に**心から関心を持つ**。
相手の努力や成長に気づき、伝える
（仕事、家庭、体調など）

メンバーからすればせっかく話をしても、結果的には上司の頭にある答えに誘導されてしまったら、どうせ話してもムダ。次はもう相談したくなくなるでしょう。

メンバーに対する日頃の態度でも、反省の日々を思い出します。

たとえば、仕事に追われて多忙だと、〝忙しいオーラ〟を周囲に発して、メンバーが相談などしたくても近寄れない時期がありました。きっと険しい顔をしてパソコン画面を睨んだりしていたのでしょう。その後反省し、忙しくても笑顔は忘れず、「忙しそうにしていても聞くので声をかけてくれる？」と皆に伝えました。

笑顔、感謝、気配りの3つは日頃の「エ・カ・キ」（それぞれの頭文字をとった標語）**と肝に銘じ、意識していたこと**です（図11）。

・エ：常に笑顔でいる。場を明るくする

・カ：どんな些細なことに対してでも、気持ちを込めて感謝を伝える

・キ：相手に心から関心を持つ。相手の努力や成長に気づき、伝える

メンバーの信頼を得るには時間がかかります。一方で信頼を失うのは一瞬ということも頭に入れ、日頃からの積み重ねとして笑顔、感謝、気配りを心がけましょう。

4 コミュニケーションの量と質を意識する

コミュニケーションには量と質があります。どちらも意識しなければなりません。

コミュニケーションのタイプには、次のようにフォーマル（正式）とインフォーマル（略式）の2種類あり、両方を活用します。

・フォーマルなコミュニケーション

チーム（グループ）会議、進捗会議、業務報告会、決済または意思決定会議、1on1（ケースによってインフォーマル）。

・インフォーマルなコミュニケーション

挨拶、声かけ、立ち話・飲み会。

まずコミュニケーションの量を意識します。フォーマル、インフォーマルな手段を活用し、量を増やします。

コミュニケーションの量と心の距離は反比例することも頭に入れておきましょう。つまり、リーダーのコミュニケーションの量が多いほど、メンバーとの心の距離感は近づくということです。逆にコミュニケーションの量が少ないと、メンバーの心は離れていってしまいます。ですから、毎日、メンバーへの声かけを心がけてください。リーダーから挨拶をしたり、「調子どう？」「この前のお客様からの問い合わせはどんな状況？」など、こまめに声をかけるようにしましょう。

私の場合、日々の声かけをするために、毎日、オフィスフロア内で歩くルートを変え、いろいろな人と話しをしながら、組織メンバーの状態を理解するように努めていました。

たとえば、私が社外取締役を務める特種東海製紙株式会社のグループ会社では、今年のような猛暑の中、製紙工場内で働いている人たちに、リーダーが熱中症対策の「塩飴」を持って「暑い中お疲れ様。体調大丈夫?」や「暑いから水分補給してね」などと声かけをしながら回り、社員の人たちの健康や安全点検を行うとともに、相談事も受けるようにしています。社員の人たちとっては、気にかけてもらっていることがうれしいようで、離職率も低いです。

次にコミュニケーションの質を意識します。量だけ増えても質が悪かったら、その行動は無意味になってしまうからです。

たとえば、**リーダーが一方的に指示・命令をしていた場合は、自らの姿勢を改めメンバーの意見にも耳を傾けます。**

また、リーダーとメンバーのやり取りが目標達成とは無関係なことに終始していた場合も同様です。価値ある話に切り換えなければなりません。

このように質と量を意識して接し方を変えることで、メンバーとの関係性は深まっていくのです。

コロナをきっかけにリモートワークが増え、働き方が多様化しています。同じ場所で働く機会が減っている現在、オンラインでの1on1をこまめに実施することもひとつの手といえるでしょう。

ただし、コミュニケーションの量を増やす際には注意が必要です。忙しいときなのに長話をしたり、自分の話を一方的にしたり、周りに人がいるにもかかわらずプライベートな話をするなど、メンバーが不快に思う内容はかえって関係性に悪影響を及ぼします。コミュニケーションの量を増やすというと会議を増やすリーダーも見受けられますが、闇雲に増やすと会議だけで一日が終わり、メンバーからも「また会議か……」とうんざりされてやる気をそぐことになりかねません。

会議の場合は、みんなの大切な時間を拘束して集まってもらうため、集まる意味（理由）があるべきで、量より質が重要です。大前提としてゴールを決め、単なる報告だけではなく、お互いにアイデアを出し合ったり、意見交換することで、よりよい解決策に導くことができるようにしましょう。

稲盛さんが導入された「部門採算制度」の一環で行っていた「業績報告会」というものがあります。同報告会では、毎月の部門収支の実績や見通しを部門ごと報告していたのですが、他部門であっても「何か協力できることはないか」と聴く態勢により活発な意見交換がなされ、組織横断的な業績改善策としていました。これも組織内のコミュニケーションの望ましい形のひとつです。

5 コーチングとティーチングを適切に使い分ける

マネジメント手法として知られるコーチングとティーチング。どちらもチームの成長に欠かせないものですが、その方法は大きく異なります。

まず意味合いの違いを認識しましょう。簡潔に言うと、次のとおりです。

・コーチング
↓相手が持つ答えを引き出すコミュニケーション
・ティーチング
↓答えを相手に教えるコミュニケーション

要するに、答えの所在が異なるのです。コーチングは相手が答えを持ち、ティーチングは教える側が答えを持ちます。そのことを頭に置いて、特徴や効果的な使い方などを深掘りしていきましょう。

コーチングは相手の自主的な成長を促す方法です。質問を投げかけるなどして、コーチングを受ける側が自らの中にある答えを引き出せるようにサポートします。**主体性を発揮し、自らの頭で考えて解決してもらうことを狙いとしているため、中堅クラス以上の社員を対象とするのが通例です。**

一方のティーチングは相手に自身の知識やノウハウを伝える方法です。ティーチングする側が持つ答えを手取り足取り伝え、確実に実行できるようにサポートします。**正しい知識やノウハウを身につけてもらうことを狙いとしているため、新入社員や業務経験の浅い**

[図12]コーチングとティーチングの違い

	コーチング	ティーチング
定義	相手の自主的な成長を促す	相手に知識やスキルを教える
答え	自分の内側にある	自分の外側にある（教える側が持っている）
コミュニケーション	能動的	受動的
スピード感	ゆっくり	迅速

出典:チーム スピリット ラボ

若手クラスを対象とするのが通例です。

このように方法や対象が異なるので、それぞれの特徴を踏まえて使い分ける必要があるのです。

チームメンバーの中堅クラス以上にはコーチング重視で臨み、本人の中にある答えを引き出しつつ、自主的な成長を促します。自律意識を高められ、仕事に対してやりがいも高まります。**中堅クラス以上にティーチングを多用して答えを与えていたら指示待ち人財となってしまいますし、やる気を奪うことにもなりかねません。**

業務に関する知識の度合いに応じた使い分

けも必要です。知識の習得スピードは人それぞれ異なるため、知識が浅いと思ったらティーチングを取り入れ、徐々にコーチングへ移行していきます。

年次だけに捉われず、スピーディーな対応を求めるときはティーチングで明確に指示したり、緊急性が低いときにはコーチングを取り入れたりするなど、臨機応変な使い分けも心得ておきましょう。

最終的にはコーチングを主体として自律型のチームを目指します。

6 アンコンシャスバイアスと意識のずれに気を配る

私たちは対人のコミュニケーションにおいて、無意識にこうだと思い込んだり、偏ったものの見方をしたりすることがあります。日常生活でもそうですし、職場でも起こり得るものです。

こうした**無意識の偏見や思い込みは心理学の概念のひとつとされ、「アンコンシャスバイアス」と呼ばれています。**本人が気づかずに思い込んでいるため、それ自体について良い悪いの判断は難しいでしょう。

しかし、**アンコンシャスバイアスによる発言や行動が、組織に弊害をもたらすこともあります。チームでいえば、リーダーとメンバーの関係性にマイナスに作用しかねないのです。**

たとえば女性のメンバーに対して、

・女性は数字や論理的な思考に弱い
・女性はリーダーになりたがらない
・育児中の女性に重要な仕事は任せられない

などと自分勝手に思い込んだり、ほかのメンバーに対しても、

・口下手だから、営業は不向きだろう
・シニアはパソコンが苦手なはず
・あの人は頑固だから、言っても聞いてもらえない

などと思い込んだりするのがアンコンシャスバイアスにあたります。

[図13]アンコンシャスバイアス

「無意識の思い込み」を持っていませんか？

- 女性ならよく気が利くだろう
- 育児中の女性に重要な仕事は任せられない
- 女性はリーダーになりたがらない
- 女性は数字や論理的思考に弱い
- あの人は頑固だから、言っても聞いてくれないだろう
- シニアはパソコン作業が苦手
- 血液型がA型の人は細かい
- 自分ははっきり意見をいうタイプ、同様の人の評価を高くする

アンコンシャスバイアス

働き方やキャリアを狭め、能力の可能性をつぶしてしまうリスクあり

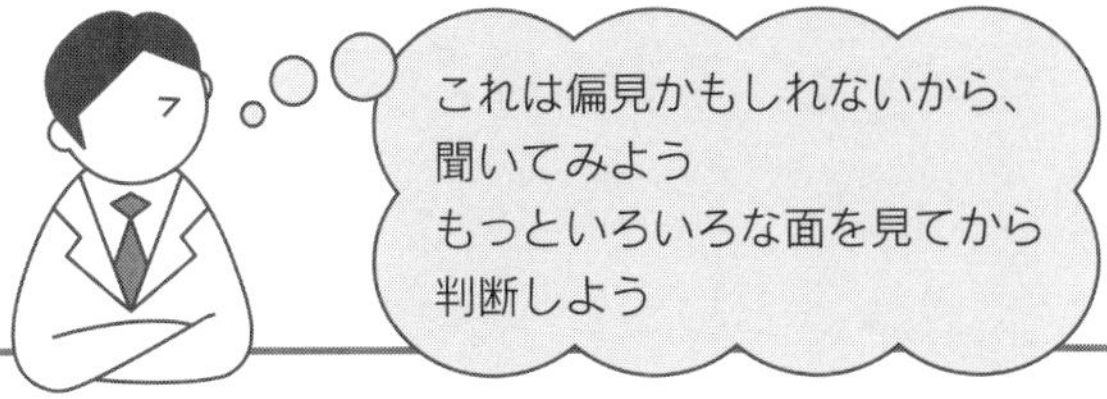
これは偏見かもしれないから、聞いてみよう
もっといろいろな面を見てから判断しよう

☑ 思い込みではないか？　と自身に問う
☑ 相手や周りの意見を聞く
☑ 異なる価値観にも、その背景を考える

[図14] 捉え方の違い

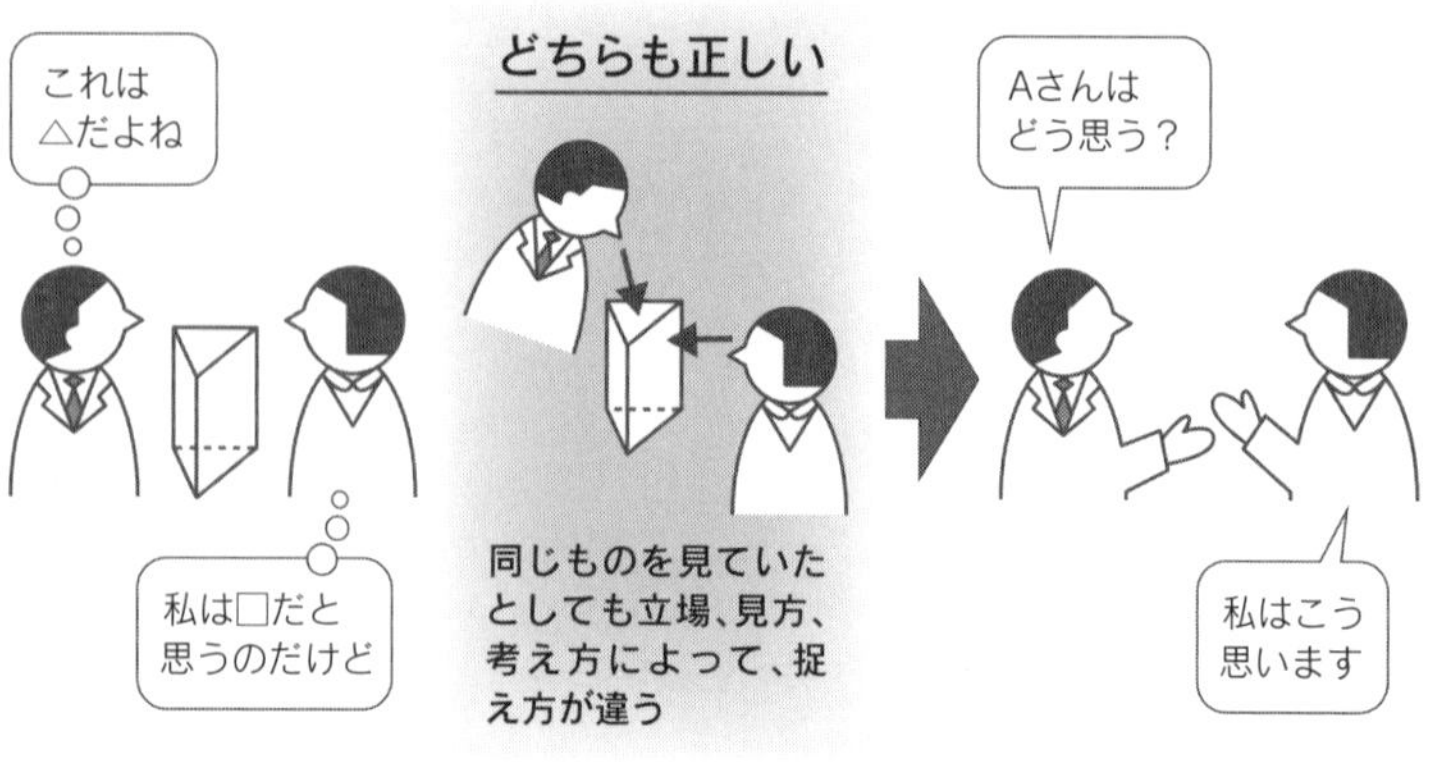
これは
△だよね
私は□だと
思うのだけど
どちらも正しい
同じものを見ていたとしても立場、見方、考え方によって、捉え方が違う
Aさんは
どう思う？
私はこう
思います

☑ 捉え方の違いを意識して、相手の考えや意見を引き出す

アンコンシャスバイアスは本人の経験ないしは環境をベースに形成されるものです。培った経験、育った環境によって偏見や思い込みはつくられるのです。

そういった自分のものさしだけでリーダーがメンバーと相対していると、無意識の偏見や思い込みが作用し、メンバーの働き方やキャリアを狭め、可能性をつぶしてしまうリスクがあることを知っておく必要があります。

加えて、リーダーとメンバーの間で起こりやすい「捉え方の違い」にも注意が必要です。

図14はリーダーがメンバーAさんと同じものを見ているシーンです。同じものを見ていたとしても、立場、見方、考え方が変わると別のものに見えることが往々にしてあります。

リーダーが「これは△だよね」と思っていても、Aさんの側では「私は□だと思うのだけれど……」と感じていたりします。

つまり、捉え方にずれが生じているのです。

このようなボタンのかけ違いが起こると、リーダーとメンバーの間で誤解が生じ、関係性を悪くするとともに誤った作業が生まれる可能性があります。

アンコンシャスバイアスや捉え方の違いを意識し、相手の考えや意見を聞くなどしてメンバーとのコミュニケーションを図るようにしましょう。

7 「心理的安全性」の高いチームは収益性も高い

近年、注目度が高い「心理的安全性」という言葉をご存じでしょうか。組織やチームの理想的なあり方を示したもので、関連書籍が多数発売されるほどのトレンドワードになっています。

心理的安全性とは、組織やチームの中で自分の考えや意見を、誰にでも安心して発言で

きる状態のことです。組織行動学を研究するハーバード大学のエイミー・エドモンドソン教授によって1999年に提唱されました。

この研究を受け、Google社では2012年から約4年の歳月をかけて「効果的なチームを可能とする条件は何か」を調査した結果、効果性が高いチームに見られる5つの要素のうち、圧倒的に重要なのが心理的安全性と発表したことから、世に広く知れ渡るようになりました。

心理的安全性が高いチームは、チーム内でメンバーが発言してもほかのメンバーに非難される不安がないため、安心して意見を出し合えます。その安心感により、

- **メンバー同士のコミュニケーションが活発になる**
- **創造的なアイデアや発想が生まれやすくなる**
- **チームのパフォーマンスが上がる**
- **自分の能力を活かせる組織への愛着心が芽生え、エンゲージメントが高まる**

といった好循環が生まれます。

実際、先のGoogle社の調査結果では、「心理的安全性の高いチームのメンバーは、離職

［図15］チームの心理的安全性を低くする4つの不安要因

1 無知だと思われる不安

知らないこと、わからないことがあっても、「そんなことも知らないのか」と思われることが不安になり、質問や確認をしづらい

2 無能だと思われる不安

ミスや失敗をした際、「仕事ができないと思われるのでは」と不安になり、自分の落度を認めなかったり、ミスを報告しなくなったりする

3 邪魔をしていると思われる不安

自分が発言することで「チームの邪魔をしていると思われないか」と不安になり、提案や意見をしなくなる

4 ネガティブだと思われる不安

疑問に感じることがあっても、「他人の意見を批判していると否定的に捉えられるのではないか」と不安になり、指摘や否定をしなくなる

率が低く、ほかのチームメンバーが発案した多様なアイデアをうまく利用でき、収益性が高く、『効果的に働く』とマネージャーから評価される機会が2倍多い」ということが判明しました。

心理的安全性を提唱したエドモンドソン教授は、心理的安全性が低い状態で見られる不安要因を4つ挙げています。

1 無知だと思われる不安

2 無能だと思われる不安

3 邪魔をしていると思われる不安

4 ネガティブだと思われる不安

リーダーはこれら4つの不安がチーム内に蔓延しないようにすることが大切です。裏を返せば、

- **無知だと思われる不安がない**
- **無能だと思われる不安がない**
- **邪魔だと思われる不安がない**
- **ネガティブだと思われる不安がない**

という状態が好ましく、自由に何でも言い合えるチームづくりを目指すことが、心理的安全性を高めることにつながるのです。

8 「心理的安全性」を確保して信頼関係を築く

リーダーは対メンバーの心理的安全性の確保に努めなければなりません。リーダーがその姿勢を率先して見せることで、チーム内の意識も変わっていきます。

大切なのは、メンバーを否定せずリスペクトする態度であり、一人ひとりの存在を承認し、尊重することです。人は否定されたり認めてもらえないことで心を閉ざしてしまいます。

心理的安全性を確保し、どんな些細なことでも報告してもらえる信頼関係を築くようにしましょう。

もちろん、このことは容易ではありません。私自身、ＪＡＬグループ時代のことを振り返っても、最初からうまくいったわけではなく、むしろ失敗の連続でした。

たとえば、チームのメンバーが私に相談をもちかけてきた際、パソコンを打つ手を止めずに話を聞いていました。当時は自らの失礼な態度に気づかず、受け入れてもらえないメンバーの悲しい思いにも気づくことができませんでした。当然ながら信頼関係など築けるはずもありません。

その後、反省したのち、心理的安全性（この言葉は当時まだ知りませんでしたが）の重要性を認識できたのは、第2章（45ページ）で紹介したＪＡＬの基幹システム刷新を成し遂げるという経験をしたからです。ＩＴのプロジェクトマネージャーとして１２００人を超えるチームをまとめ、海外のシステムへの切り替えを行った一大プロジェクトで、**私が心がけたのは、どんな問題もオープンに報告できる安心安全なチームづくりでした。**

多くのメンバーがプロジェクトに関わり、連携し合って仕事を進めていく中、ちょっとしたほころびを見逃すことで全体に派生して大きな問題に発展することも少なくありません。ましてマイナスなことは口にしづらいものです。

そこで**メンバーに対し、「どんな些細なことでも報告してほしい」と常々話しました。実際に報告を受けたときには責任は自分が取り、ミスを責めないことを心に決めて実践しました。そして、起こってしまったミスを責めるのではなく、「どうしたら解決できる？」と投げかける未来志向の対話をするようにしたのです。**

リーダーがそうすれば、メンバーの不安は払拭されます。ミスしたことは本人が一番わかっています。あえて責める必要はないのです。心を広く持って接することにより、ミスをしたメンバーもくよくよすることなく、前を向いてゴールを目指せるわけです。

私がここまで大きなチームをまとめて成功に導けたのは、このように心理的安全性を確保して信頼関係を築けたからでしょう。

9 能力を引き出すには相手の可能性を信じる

チームのメンバーが担当する業務で成果を上げられなかったとします。その際、「なんで成果を上げられないんだ」などと結果だけを見て判断していませんか？　一方的にそう言われたら自信ややる気を失いますし、相手の可能性をつぶすことにもなりかねません。

なぜ成果を上げられないのか考えてみてください。そこには何かしらの理由が必ずあるからです。

- **仕事のやり方を十分理解していない**
- **契約につなげるポイントがずれている**
- **以前の失敗がトラウマになっている**

など多数考えられます。

このような理由があって本人は成果を上げられず困っているにもかかわらず、結果だけを見て責めていたら、問題はいっこうに解決しません。

そこで**重要なのが、「常に相手の可能性を信じて接する」という意識です。「○○さんは**

成果を上げられる可能性を秘めている」――と、ポテンシャルを信じて接しなければ問題は見えてこないですし、秘めた能力を引き出すこともできません。

人は、他者からの期待を受けると、それに応えるように成果を出そうとするものです。心理学者のローゼンタールらが「ピグマリオン効果」という心理的行動のひとつとして裏付けています。他者からの期待により、仕事などの能力が通常より向上する効果を望めるのです。

そもそも、日本には謙遜の文化があるため、自分の能力を過小評価しがちです。自己肯定感が低い人も少なくないでしょう。

となると、本来すごく有能であったり、強みを持っている人でも、時には大きな失敗をして、それがトラウマになっていることがあり、また自分の価値に本人が気づいていない場合もあり得ます。いずれにしろ外から見えにくいわけです。

そういった眠っている長所を掘り起こすためにも、日頃から相手をよく観察し、その人の能力を見出して引き出す意識を持つことが大切です。

たとえば、私が支援をしていた会社でこんな事例がありました。

成果を上げている営業チームのメンバーを観察していると、多くのメンバーが新しく導入したマーケティングツールの使い方に慣れず、かなりの時間を取られていました。

そんな中、営業成績が芳しくなく、組織での評価も高くなかったTさんがそのツールをすぐに使いこなしていることがわかりました。データの扱いと分析力が素晴らしく、そのおかげでチームの売上が伸びたのです。

このようにリーダーは、どんな人にも可能性はあるということを信じ、その人の才能に蓋を閉めないようにしなければなりません。常に相手の可能性を信じることが重要になってくるのです。

10 平成、令和世代の不満要因を知る

突然ですが、社員が会社や上司に対して不満を持つのは、どのような要因があると思いますか？　アメリカの作家でリーダーシップに関する著書が多いジョン・マクスウェルに

［図16］上司に対する不満要因

会社や上司に対して、部下が不満を持つ主な原因。深刻な順

byジョン・マクスウェル

1.提案や意見を無視する
2.不満や問題提起に対応しない
3.応援してくれない、励ましてくれない
4.他人の前で部下の批判をする
5.こちらの気持ちを聞こうとしない、感じ取ってくれない
6.仕事の経過や進行状況をきちんと伝えない
7.えこひいきする

不満 ➡ **社員のモチベーションは下がる**

よると、図16に挙げる7つを主な原因としています。上から深刻な順番になっています。**トップは「提案や意見を無視する」です。**

ひと昔前でしたら、この不満は上位ではなかったかもしれません。上司に提案や意見を聞いてもらえなくても、部下は上司の背中を見ながら食らいついていく世界がまかりとおっていたからです。昭和の時代の話で、自然なものとして受け入れられていたわけです。

しかし、平成、令和の時代になってその価値観は崩壊しました。逆に、上司の無視、無関心な態度に不満を持つ人が多くなっているのです。

私は企業のリーダー向けのセミナーを各種

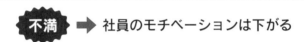

行っているのですが、その席上、このような質問を参加者によく投げかけます。

「皆さんが理想とする管理職はどんなタイプでしょうか？」

得た回答を分析すると、多いのは、

「認めてくれる人」

「関心を持ってくれる人」

です。

平成、令和世代は上司の関心を敏感に感じ取り、自身に関心を持ってもらえることをモチベーションにしている気がします。X（旧Twitter）などＳＮＳでの「いいね」はその象徴といえるでしょう。それゆえに無視、無関心な態度を極端に嫌います。昭和世代とは明らかに異なる点です。

時代が変わり、個々の不満も変わりました。チームのメンバーに対する「関心」「承認」を頭に入れておきましょう。

11 影の活躍者に光をあてる

仕事は、表面的に見えている人だけの頑張りで成り立っているわけではありません。表面的には見えないですが、影でその仕事を支えている人がいて、その人たちの働きがあるからこそ成り立っています。

JALの破綻後、私たち本部では、そういった影の活躍者に光をあてる表彰制度として、「グッドサポート賞」という新たな賞を設けました。

表彰制度といえば、目覚ましい営業成績の達成やプロジェクトの成功など、大きな功績を上げた人に贈るのが一般的です。

この賞は、すべての人の努力を認める賞です。**支援にスポットをあて、感謝の気持ちを表するために、チーム内の人から人、チームからチームに対して実行されたサポートを表彰することを目的としています**。私はこの賞が大好きでした。

グッドサポート賞の特徴は、推薦を選定基準としていること。「あの人、あのチームは自分または自分たちを助けてくれた」という推薦文を助けられた側が作成し、最終判断される仕組みです。表彰式でも助けられた側が「助けてくれてありがとう」と表彰状を読み、助けてくれた人またはチームに手渡すのです。

グッドサポート賞を創設したことによって、いろいろな役割を担っている人が評価され、その人たちに感謝の気持ちを表したことでチームに一体感が生まれました。

たとえば女性は出産・育児に伴い、時短勤務や残業ができないなどで働く時間を制限される場合があります。時間とともに仕事も制限される場合でも、周囲のサポートは可能です。光をあてにくいその頑張りを、推薦によって評価してあげられるわけです。

同賞を受賞した女性Yさんの例を紹介しましょう。

Yさんが支援したのは某ITプロジェクトでした。ある日、突然のトラブルが発生し、それをリカバーするためにYさんは必要な資料を効率よく作成しました。結果、早期復旧することができたというケースです。推薦者は同プロジェクトチームでYさんに助けられたメンバーでした。

Yさんはそれまで育児で仕事を休むことがあり、同僚へ負担をかけていたり、会社に十分に貢献できていないと思ってしまうなど、後ろめたさを感じていたようです。そんな中で自分のできる限りの頑張りが認められたため、再び自信をつけて笑顔を取り戻しました。

もうひとつ、航空会社のシステムを維持管理するメンバーたちに同賞を贈った例を紹介しましょう。

航空会社には大きなプロジェクトに携わるのではなく、年間を通じてシステムの安定稼働を担っているメンバーたちがいます。航空会社のシステムは通常に稼働することが当たり前とされています。トラブルが発生したら、飛行機を利用される多くのお客様へご迷惑をおかけすることになるからです。

したがってシステムの維持管理を任されたメンバーたちは、365日昼夜問わず、常にシステムを監視しています。少しでも異常を発見すると処置し、トラブルが起こるとオフィスに駆けつけて早期復旧に努めます。いわば縁の下の力持ち、「システムの守り神」といえる存在です。

いつ何時トラブルが発生するかわからず、常に緊張感を強いられる「システムの守り神」のメンバーに感謝の意を示せたのはとても喜ばしいことでした。

影の活躍者はどんな業界にも必ずいます。製造業でいえば、高い品質のモノを生み出すことができているその影には、品質にこだわり、些細な不具合も見逃さない精巧なものづくりを担う人がいるのです。こういう人たちにも光をあてるべきで、そのために力を尽くすのがリーダーの務めだと思います。

12 社員の貢献意欲を上げて成果を生むリーダーとは

日本企業のエンゲージメントが世界最低ランクであること、社員の貢献意欲を満たす必要があることを第1章（30ページ）で述べました。

エンゲージメントは、社員の会社に対する愛着の度合いを示す指標です。社員の「会社やチームに貢献したい」という貢献意欲を満たせばエンゲージメントが向上し、成果をもたらします。

成果は顧客満足度のアップや生産性、業績の向上、離職率や品質上の欠陥の低下など多

［図17］エンゲージメント向上で離職率が低下する

エンゲージメントスコアの上位25%ile企業と下位25%ile企業における
各指標の比較*

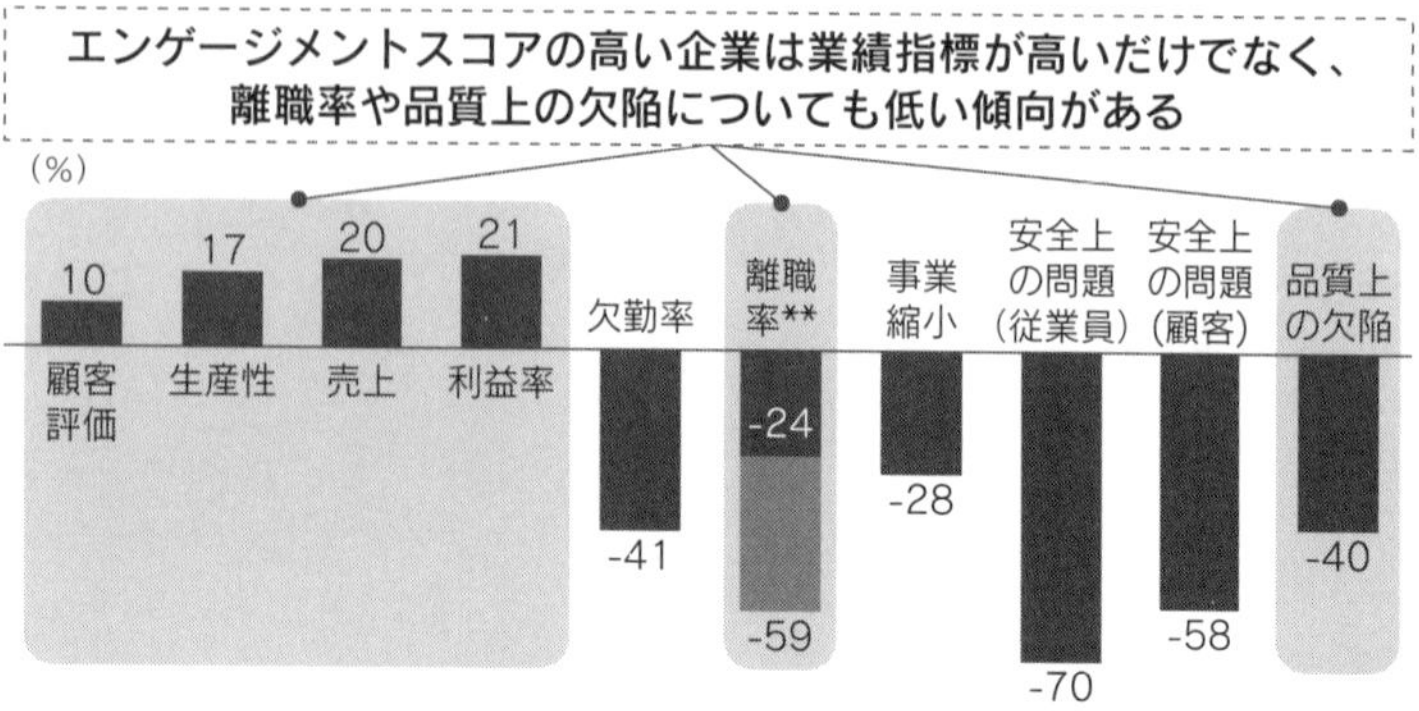

* 82,000の企業（事業所含む）、従業員180万人に対する調査
** 離職率については、離職率の高い組織間での比較では24%、低い組織間での比較では59%の差が存在する

出典：経済産業省「経営競争力強化に向けた人材マネジメント研究会」

岐にわたります。これらは貢献意欲によって左右されるわけです。

リーダーはチームメンバーの貢献意欲を満たし、高めていく立場です。前述した不満要因がチーム内にあったら、メンバーの貢献意欲はそがれてしまいます。ですから不満要因をなくすことが先決となります。

貢献意欲は自発的なものです。上から指示されるやらされ感ではなく、自ら主体的に動くのです。

動くのは自分のためではありません。チームや会社のためです。自分という内向きのベクトルではなく、チームや社会という外向きのベクトルを持つことです。

このようなメンバーの意識がチームの一体

感を生み、組織が活性化してエンゲージメント向上による成果につながります。

成果を生む貢献意欲は本人のやりがい、働きがいがあってこそ満たされます。リーダーはメンバーがそう感じられるように努め、貢献意欲を維持しながら高めていかなければなりません。

13

自己有用感を高める3つのポイント

では、貢献意欲を高めるにはどうしたらいいのでしょうか。

そのカギは「自己有用感」にあります。

自己有用感とは、他者や集団との関係の中で、自分の存在を価値あるものとして受け止める感覚です。会社、チーム、メンバーに、役に立っている、貢献している、求められていると認識できるときに、この感覚を覚えます。

自己肯定感と混同しがちですが、

・自己肯定感……自分の自分に対する評価

・自己有用感……他者からの自分に対する評価

というように、自己有用感は他者との関係を前提とするのが大きな違いであり特徴です。

メンバーの自己有用感が高まれば、貢献意欲も高まります。両者は密接にリンクしているのです。

自己有用感を高めるには次の3つのポイントがあります。

1 共通目標

2 役割

3 承認

それぞれ解説します。

1 共通目標

メンバーが共通の目標を持ち、同じ方向に向かわなければ、チームの役に立つということはできません。そのために**リーダーはベクトルを揃え、目標にかける思いや意図を語ります。**

2 役割

メンバーの果たすべき役割が明確になっていること、期待されている役目や居場所を用意することが大切です。**リーダーは期待する役割を伝えるとともに、該当の人が担う存在価値を伝えます。そして、その人の思いを聴き、励まします。**

3 承認

リーダーとメンバーまたはメンバー同士で、お互いの存在と行動を認め合います。関心を持ち合い、メンバーみんなで感謝し合います。最終的には貢献したことに対し、具体的に行動を認め合います。**このとき、仕事への評価もそうですが、「○○さんがこの仕事をやってくれるから、みんなとても助かっている」と、本人の行動がチームの役に立っていることを伝えるようにしてください。**

14 リーダーはメンバーに期待する役割の重要性を伝える

自己有用感を高める要素のひとつに役割を挙げました。

役割というと、仕事に直結する役割をイメージする人が多いと思います。チームのメンバーに合った業務を割り振り、それぞれの存在価値を伝えて期待に応えてもらうようにします。

貢献の対象は業務に限りません。役割を広く捉えるようにしましょう。

たとえば、明るい性格のメンバーだったら、ムードメーカーとしてチームを盛り上げる役割を担ってもらいます。朝は大きな声で挨拶をするとか、暗いムードのときはみんなを元気づけるとか、期待することを伝えます。

また、逆に慎重な性格のメンバーだったら、チームのブレーキ役を担ってもらいます。前のめりに物事を進めようとしているときにクギを刺したり、会議で議論を深めるために冷静な意見を述べるなど、同様に伝えます。

各人の特性を多面的に捉えるのがポイントです。その特性を活かせることを期待する役

割として担ってもらうと、存在価値を伝えやすく、力も発揮されるため、本人のチームに役立っている意識は満たされていくのです。

誰でも人の役に立ちたいと思う気持ちを持っていて、そこに光をあててあげると自己有用感を高められます。

細かな作業を得意とするSさんの例でいうと、Sさんは積極的に人の中に入っていって仕事を進めていくタイプではありませんでした。その代わり、一人で地道に数字や資料をチェックするのを厭わず、黙々とこなします。

あるとき、空港スタッフが使用するシステムを本番稼働（実際の業務で使用できるようにすること）させるため、彼のチームメンバーが手順書を作成し、ほかの人のチェックも経て最後にオペレーターに渡す前に、Sさんが一字ミスがあることを発見しました。もしそのミスを見つけていなかったら、システムは動かず、多くのお客様へご迷惑をおかけすることになっていました。Sさんのおかげで未然に防ぐことができたのです。

そのような秘めた能力に光をあてられるかどうかがリーダーに問われます。

役割は多様にあり、貢献の形も多様です。両者をうまく掛け合わせて、メンバーの能力

を引き出しましょう。

15 チームづくりのためのフィードバック

最後に、フィードバックについて掘り下げます。役割と同じく、自己有用感を高めるために必要な要素ですし、チームメンバーの行動に対して評価を行うさまざまな場面で用いられる手法です。

フィードバックとは、目標を達成するための行動や結果について、アドバイスや指摘を通じて評価し、次の行動変容を起こさせることを指します。一般的に組織内での上司と部下、リーダーとメンバーなどの関係性で実施されます。1on1などの1対1の場で行われるのが通例です。

適切なフィードバックを行うことで、人財育成やマネジメントにおいて多種多様な効果が期待できます。個人やチームの円滑な業務遂行、モチベーションやエンゲージメント、パフォーマンスの向上などをもたらし、目標達成を確実なものとするのです。**チームづくりの観点でいえば、フィードバックはメンバーに対し「自分のことを見てくれている」という意識を与えてリーダーへの信頼感の向上につながります**。また、適切な評価をすることで信頼関係ができあがります。伴走タイプのリーダーを中心としたチーム力強化を図れるのです。

▼フィードバック8つのポイント

そういったフィードバックの効果を得るには、基本を押さえることが大切です。大きくは8つのポイントがあります（次ページ図18）。

1の「部下の行動をしっかり観察」というのは大前提です。いい加減なフィードバックを行ったら不信感を抱かせ、やる気を低下させてしまいます。

2の「タイムリーに」は時間を置かず、話すタイミングを逃さないということです。

3の「具体的に話をする」は計画に対して50％の達成ですね、など。4の「客観的に」というのも同様で、このポイントを外してしまうと、メンバーはやる気を損ねてしまいま

［図18］フィードバック8つのポイント

1. 部下の行動はしっかり観察したうえで話す
2. タイムリーに話をする
3. 事象はできるだけ具体的に話をする
4. なるべく客観的な判断に基づいて行う
5. 行動にフィードバックする
6. 実現可能なフィードバックをする
7. 場面や伝え方に気をつける
8. 本人が理解・納得しているか確認する

す。特に主観が入ってしまうと、自分の考えを押し付けることになり、良いフィードバックになりません。

5の「行動」へのフォーカスは、あなたはダメですねという人格否定ではなく、お客様の返事の仕方が良くなかったという「返事」という行動に対して指摘する。6の「実現可能」なアドバイスや指摘も肝に銘じておかなければなりません。

7の「場面」や「伝え方」は、フィードバックの効果を最大限にするため、メンバーが落ち込んでいる場面を避けたり、みんなの前ではなく個別に呼んで行ったりするということです。

8「理解・納得」は、本人が腹落ちしてい

[図19] フィードバックの6ステップ

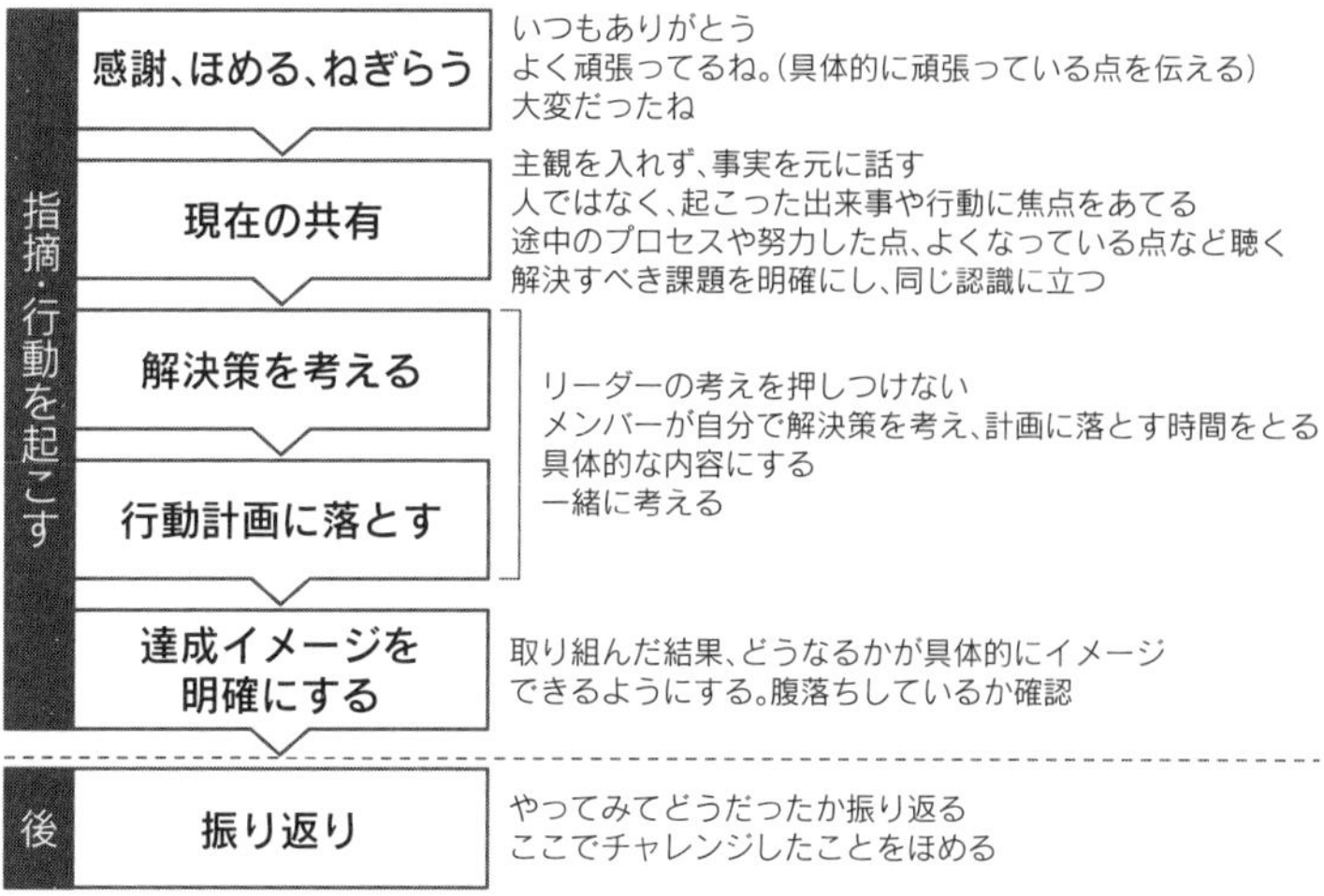
指摘・行動を起こす
感謝、ほめる、ねぎらう
いつもありがとう
よく頑張ってるね。(具体的に頑張っている点を伝える)
大変だったね
現在の共有
主観を入れず、事実を元に話す
人ではなく、起こった出来事や行動に焦点をあてる
途中のプロセスや努力した点、よくなっている点など聴く
解決すべき課題を明確にし、同じ認識に立つ
解決策を考える
行動計画に落とす
リーダーの考えを押しつけない
メンバーが自分で解決策を考え、計画に落とす時間をとる
具体的な内容にする
一緒に考える
達成イメージを明確にする
取り組んだ結果、どうなるかが具体的にイメージできるようにする。腹落ちしているか確認
後
振り返り
やってみてどうだったか振り返る
ここでチャレンジしたことをほめる

るかということが一番大切です。

これら基本を頭に入れたら、実際のフィードバックに移ります。

▼▼フィードバックの6ステップ

図19を見てください。「フィードバックの6ステップ」と題して手順を紹介しています。**「感謝、ほめる、ねぎらう」**から**「達成イメージを明確にする」**までの5ステップは、これまでの行動に対する評価です。チームのメンバーそれぞれの課題や改善点などを一緒に考えてアドバイスや指摘を行います。

それを実行に移し、どうだったのかを検証するのが残るステップ6の**「振り返り」**になります。この「振り返り」は、メンバーの次の行動を見出すうえで非常に大事なのですが、5ステップまでで満足してしまうケースが多いので必ず組み込みましょう。

「振り返り」では、まずメンバーのチャレンジや努力・成長できたことをほめることを忘れないでください。アドバイスや指摘によって次のより良い行動へ導くことも大切ですが、それだけでは自己有用感や貢献意欲は刺激できません。次の行動へのモチベーションを高める意味でも、まずはきちんとほめてあげてください。

できたときだけほめるのではなく、「振り返り」の際には毎回、行動したことに対してほめることも大切です。

第5章

リーダーがやるべき環境づくり

1 現場にフィロソフィを浸透させる

ＪＡＬの破綻後、再生を託された稲盛和夫さんが会長に就任し、組織改革の旗印としてＪＡＬフィロソフィを策定した話をしました（38ページ）。

ＪＡＬフィロソフィとは、ＪＡＬのサービスや商品に携わる社員全員が持つべき意識、価値観、考え方をまとめたものです。

ＪＡＬグループでは、このフィロソフィが短い言葉で意思疎通のできる規範として社員全員に浸透しています。

たとえば、ＪＡＬフィロソフィの第2部「すばらしいＪＡＬとなるために」、第1章「一人ひとりがＪＡＬ」の一項目に、

「渦の中心になれ」

という言葉があります。

この言葉は、自ら率先して課題に取り組み、周囲の人の協力を得ながら一緒に仕事を成し遂げる重要性を説いたものです。自分が中心の役割を果たすという意味合いです。

リーダーが現場で「渦の中心になろう」と説けば、メンバーはそれだけで意図を理解し、行動に移せます。お互いに意思疎通が図りやすく、一体感も生まれるのです。

このような環境づくりにリーダーは率先して臨まなければなりません。


フィロソフィは会社にあってしかるべきものです。社員に求める意識や価値観を一致させる環境づくりのためにつくるべきものなのです。


私が社外取締役を務める上場企業の照明器具専門メーカー、株式会社遠藤照明では、創業者の遠藤良三氏がフィロソフィにあたる経営理念を策定しています。

経営理念があり、その行動規範として社員憲章があります。社員憲章は社員が行動を取るときにどうすればいいかの指針になります。

「社員が50人程度まではならまとまるが、１００人以上になるとそうはいかなくなる。自分の思いが伝わらないんだよ」

と、策定の経緯を語っていました。

［図20］遠藤照明の経営理念

1 ENDO 経営目的

（1）個と組織の調和と永続
（2）ありがとう創造企業に

2 ENDO ビジョン

（1）エシカル ソリューション カンパニーとしてキラキラ光り輝く会社に
・人と地球に優しい会社に
（2）世界のブランドENDOに
・照明を基軸にITグローバル企業へ

3 ENDO 行動指針

『笑顔』『何でも出来る』『失敗OK』

4 ENDO運営ルール

（1）皆、なんでも言い合える
（2）目的とピンポイントが明確
（3）自ら考え、創意工夫し、速やかに結果を出す
（4）1分で伝える

出典：株式会社 遠藤照明

会社が成長して規模が大きくなるにしたがい、組織をまとめるのが難しくなるのはよく言われることです。行動、判断の指針となる役割を担うフィロソフィがあれば、個人もチームもひとつにまとまるわけです。

同社の経営理念は毎朝朝礼で唱和し、社員憲章は冊子形式になっており、社員が何度も見返して行動をとることができます。

2 組織内で「助さん、格さん」を見つける

中高年の方はテレビ時代劇の「水戸黄門」をご存じだと思います。黄門様にはいつも、「助さん、格さん」が寄り添っています。

私は職場でも、助さん、格さんが必要不可欠だと思っています。いわゆる右腕左腕となってくれる人財です。

リーダーと思いを同じくして、リーダーが唱える施策を現場に浸透させ、推進していくのが助さん、格さんの役割になります。

リーダー一人が頑張っても大抵うまくはいきません。信頼できる同志を見つけ、現場のメンバーをうまく巻き込んでもらうことで、目標達成が成し得るのです。

私がかつてダメダメのリーダーだったことや、チームのメンバーから反発を受けたことは第1章で述べました。トップダウンで指示命令を行い、メンバーの意見には耳を傾けない。ただただ目標数字を叫んでプレッシャーを与え続ける。そんな日々に、メンバーの我

慢が限界に達した結果でした。

その後、稲盛さんとの出会いによって目標達成に対する考え方が大きく変わったことと同時に、私自身の仕事に対する向き合い方も大きく変わりました。

それまでの私は何でも自分でやらないと気がすまないタイプでした。リーダー自ら動きまわるため、メンバーは主体性がなくなり、いつしか言われることだけやればよいと思うようになっていました。

この姿勢を改め、みんなに助けてもらうことにしたのです。その際、チームの一員として強い味方になってくれたのが、私にとっての助さん、格さんでした。

実はＪＡＬの基幹システムを刷新したときも、助さん、格さんが助けてくれました。二人の存在があったからこそ、幾多の困難を乗り越えて超難題のプロジェクトをやり遂げることができました。

では、助さん、格さんの正体を明かしましょう。

一人はＩＴの技術力が抜群でした。もう一人は調整力が高く、課題に直面したときなど、チームのみんなをうまくまとめてくれる人物です。二人とも周囲に一目置かれて尊敬を集めている人物です。

どちらも私より優れたスキルを持ち、右腕左腕としてチームの運営を支えてくれました。私とは異なるタイプだったため、足りない部分を補ってくれてチームがうまく機能したのだと思います。

なお、ＪＡＬの再建に取り組んだ稲盛さんにも、助さん、格さんがいました。

一人は、稲盛さんに秘書として約30年間仕え、２０１０年にＪＡＬ会長補佐・専務執行役員に就任した大田嘉仁さん。

もう一人は、京セラで稲盛さんの指導のもと、アメーバ経営の根幹を成す部門別採算管理の開発や運用を長年担い、２０１０年にＪＡＬ会長補佐・副会長に就任した森田直行さんです。

二人の存在を大きな支えとし、ＪＡＬ再建が成し遂げられたのです。

ではどうやって助さん、格さんを見つければよいのでしょう？

助さん、格さんはリーダーの思いに賛同してくれることが大事ですが、イエスマンではダメです。別の視点を持ちつつ、共通の目標に向かって業務を推進していく実行力がある人物を選ぶ必要があります。

信頼して権限を与えることができることも条件になります。

3 同じチームで働く一員として接し方に注意を払う

社内の業務を外部の業者に委託することがあると思います。私もＪＡＬグループ時代、委託会社にお世話になっていました。

委託会社を「よそ者」とする見方があります。よそ者として見てしまうと、チームのメンバーと同様の仕事を任せていても、メンバーとは異なる接し方をしがちです。

そういった対応をするのが私は嫌で、委託会社の人たちに対してもチームのメンバーの一員として接することを心がけていました。

何より目標達成するには、委託会社の人たちにも社員と同じ気持ちになってもらわなければなりません。そこで私はＪＡＬフィロソフィを共有し、朝礼にも参加してもらっていました。プロジェクトや会社の状況を常時話すなどして、社員とほぼ同様の情報量、コミュニケーション量を注ぐことに気を使っていました。

そして一緒に進めていたプロジェクトが終了したら、全委託会社に対して感謝状を贈り、感謝の気持ちを伝えていました。社員と同じく、リスペクトして付き合っていたのです。

委託会社はお金をもらって業務を請け負う立場のため、発注元の会社に契約上の関係以上の信頼感を持つことは少ないと思います。

だからこそ**私は委託会社を外部内部にこだわらず、自社の社員と同じチームのメンバーの一員と見て接していました。そうすることでＪＡＬに対して貢献意欲を高めてもらえます。**

心がけていたのは接し方だけではありません。呼び方にも注意を払っていました。

委託会社などはどうしても上下関係を感じさせます。それが嫌だったので、パートナーさんと呼ぶようにしていたのです。

パートナーさんの呼び名だと上下の印象は薄くなり、フラットな関係性を感じてもらえます。私はメンバーにも委託会社ではなくパートナーさんと呼ぶよう徹底してもらいました。呼び方を変えると、自然と接し方も変わってくるものです。

呼び方は社内でも注意を払っていました。

私は部下という言葉が好きではないため、チームやプロジェクトに応じてメンバーと呼んでいました。

また私のことを役職で呼ばれるのも好きでなかったため、メンバーには役職ではなく「宮下さん」と、さん付けで呼んでもらうようにしていました。

どちらも上下関係を意識させないためでした。

私が社内外問わず、信頼関係を築くこと（友好的な関係づくり）にこだわっていたのは、それが組織の目標達成に影響を及ぼしたからです。

4 多様な人財、価値観の違いを認める「ダイバーシティマネジメント」

近年、ビジネス社会では多様性を意味する「ダイバーシティ」の重要性が叫ばれています。**ダイバーシティとは、性別、年齢、国籍、障害などの違いを互いに認め、尊重し合う**

［図21］ダイバーシティマネジメントの変遷

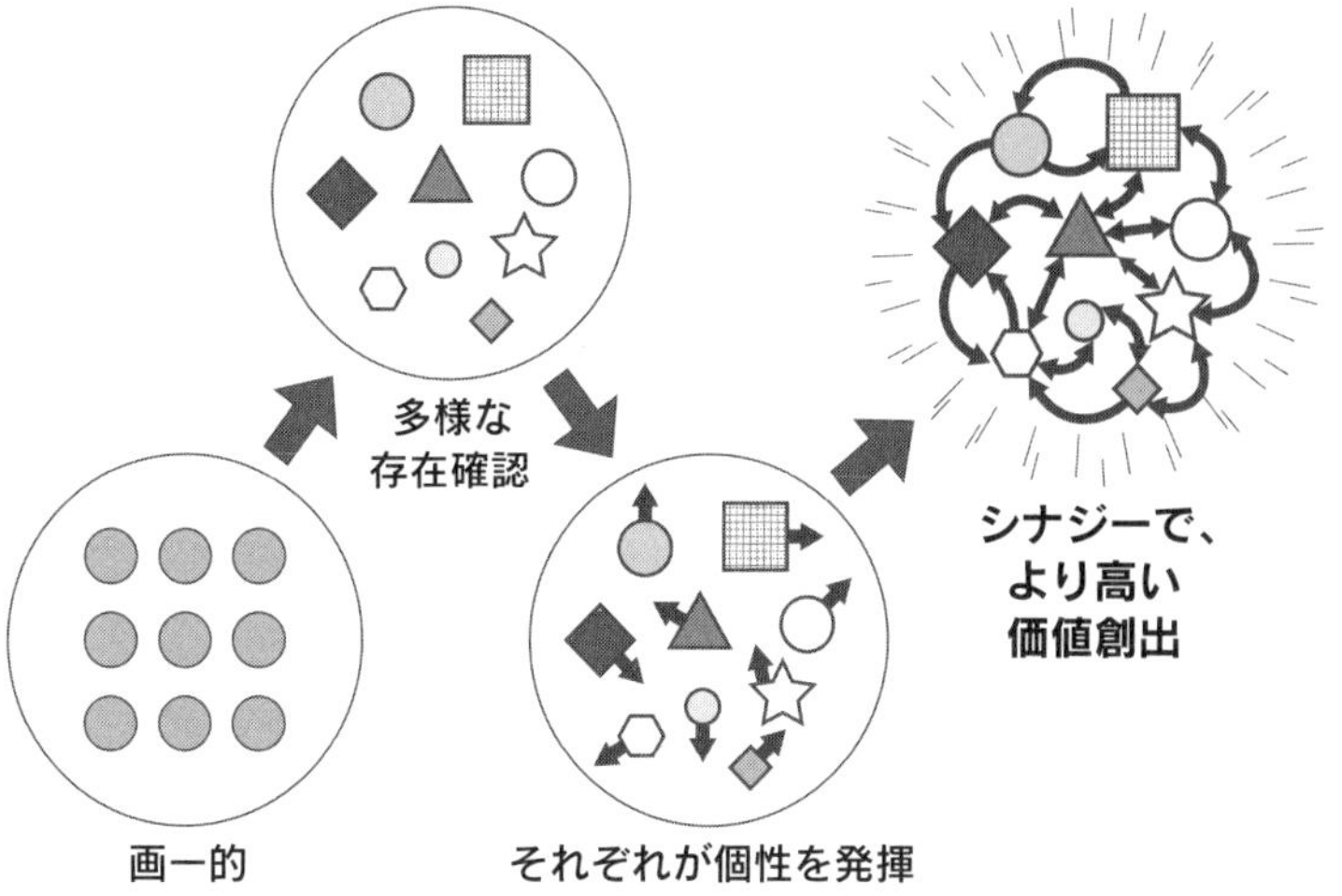

ことです。

価値観、倫理性、志向など内面的なものも多様性の要素とされています。そういった多様な人財を受け入れ、その能力を最大限に引き出す状態＝ダイバーシティマネジメントが、組織で問われているのです。

図21はダイバーシティマネジメントの変遷を表しています。

ダイバーシティマネジメントは「画一的」「多様な存在認識」「それぞれが個性を発揮」のところまで進行し、次の新たな局面を迎えています。「シナジーを生み高い価値創出」をもたらす「ダイバーシティ＆インクルージョン（略称Ｄ＆Ｉ）」と呼ばれる段階です。

いまこのD&Iが、組織の望ましい姿として一番に求められています。

インクルージョンは、「エクスクルージョン＝排除」の反対語で、「内包」を意味します。D&Iとは、単に多様な人財がいるだけではなく、そのような人財を積極的に受け入れて、活躍の場を広げることです。D&Iの実現により、人それぞれの多様性を活かしてシナジーを生み、より高い価値を創造していくことを目指すのです。

つまり、単に多様な人財を採用して、「ダイバーシティに取り組んでいます」と胸を張る時代は終わりを迎え、**組織のすべての人で、お互いに強みを発揮しながら、組織の力を高めていくことを考えなければならないのです。**

D&Iを推進していくためには、働き方の多様性や、第4章で述べた「チームづくり」の観点も必要ですが、この後に触れる評価制度の中において、多様なキャリアパスを用意することも重要になります。それによって得意分野で力を発揮しながら、成長していくのを期待できます。

たとえば、組織を管理するマネジメントに進む道だけでなく、技術職や研究職の人財のように、その分野で秀でたスキルを磨いていくステップアップの道を用意するということです。

さらに、自身の部署内で成果を出している人がいると、ついついその人に依存し、異動させないように抱え込むケースをよく見かけますが、それはやめましょう。ほかの部署に異動させることで、他部署が何をしているかを理解し、自部署を客観的に見ることもできるため、視野を広げられるのです。

私も、SEの職は好きでやりがいを感じていたものの、30代のときに経営企画の部署に異動したことで会社の運営について知り、これが転機となり、経営に関心を持ちました。

また、その部署ではあまり活躍ができていない人も、違う部署に移った途端、水を得た魚のように、才能を開花させるという例もあるのです。

リーダーは多様な人財の多様な価値観に向き合わなければなりません。各人で異なる価値観を理解しつつ、能力を最大限に引き出して活躍の場を広げていく、新たなダイバーシティマネジメント（D&I）に取り組みましょう。

5 適切な評価ができる管理職を目指すことを決意した

JALグループ時代、私は女性では数少ない管理職の道に進みました。といっても、最初から上位の管理職を目指していたわけではありません。結果が出やすいSEに楽しさややりがいを感じており、むしろ管理職の職務に楽しさを見出せなかったため、上位職を目指すつもりはまったくありませんでした。

にもかかわらず、上位の管理職の道を選択したのはなぜか。

それには、チームメンバーだった女性Mさんの評価に関する出来事が関係しています。

当時私は30代。課長職に就き、ミドルマネジメントを担っていました。

Mさんは飛び抜けて成績優秀な女性でした。仕事をてきぱきこなして生産性が高く、残業をしなくても人の何倍も成果を上げていたからです。私の彼女への評価、信頼は絶大なものでした。

しかし、会社の評価は違っていたのです。

当時は残業時間が組織への貢献度と比例して捉えられ、残業をしていなかったMさんは貢献度が低いと判断されました。おかしな話です。

試練は続きます。評価されないMさんが昇進できないまま月日を重ねていったところ、当時のルールにしたがって降格を余儀なくされる事態に直面します。もう納得いきません。憤慨し、上司に掛け合いました。

「私は生産性が高い彼女を評価しています。適切に評価し、昇格させてあげてください」

そう訴えても聞き入れてもらえず、最終的にMさんは会社を辞める決断をして去っていきました。

なぜ能力の高かった彼女が会社を辞めなければならなかったのか。なぜ自分は彼女を救えなかったのか。私はMさんの退職を自問して辛く受け止めました。そして、自分なりの解決策を見出したのです。

マネジメントを担う立場で同じ思いはしたくないですし、何よりほかのメンバーに同じ思いをさせるのは避けなければなりません。**そのためには適切な評価をくだせるポジションに上がる必要があり、上がれたら適切な評価がしたかった。私が一転して上位の管理職**

を目指し、実現できたのは、このような志を胸に秘めていたからです。

優秀な人財を失うのは会社にとって大きな損失です。本人にとっても辛いことでしょう。**適切な評価を行えばメンバーのモチベーションやエンゲージメントを高められ、離職率の低下やパフォーマンス向上をもたらします。**評価を中心とした環境の整備は、チームや組織の躍進に欠かせないわけです。

その後、私は次長、部長とキャリアを重ね、シニアマネジメントを担って適切な評価に努めました。「社員が物心両面の幸せと成長を感じられる組織」を目指し、その中で目標としたのが次の2点です。

- **仕事や会社への不満による離職者をゼロにする**
- **メンタル疾患による離職者をゼロにする**

この姿勢がのちにＪＡＬグループのＩＴ部門で女性初の執行役員にまで昇り詰めることができた要因だと思います。

ちなみに、会社を去った前述のMさんは、その後、別の企業でキャリアアップされ、輝かしい成績を上げていました。優秀さはどこにいても変わらなかったのでしょう。

6 メンバーの特性を見つけ、役割を評価する環境をつくる

私は管理職時代、人事評価を行うのが好きではありませんでした。評価項目の点数だけで、メンバーの人生が左右されてしまうことに抵抗を感じていたからです。特にマイナスの評価を付けなければならないときはいつも胃が痛くなったのを思い出します。

ただ、人事評価に対する考え方を変えてからは、胃の痛みも和らいでいきました。その変化を説明しましょう。

もともとはマイナスの評価によってメンバーの昇給・昇格にマイナスの影響を及ぼすのを嫌がっていたのですが、メンバーのいいところに目を向け、伸ばすことができたら、プラスの評価によって昇給・昇格へのプラスの影響を望めます。

したがって人事評価は、メンバーの成長を促す機会でもあるのです。

目を向けるべき「いいところ」とは、メンバーそれぞれの特性です。

私は人事評価の際、その特性を踏まえた役割をメンバーの個人目標に落とし込み、評価の対象としていました。

役割については第4章（128ページ）でも述べたとおり、仕事に直結する業務の役割に限らず、広く捉えます。

たとえば、明るい性格のメンバーなら、

「チームのムードメーカーになって、みんなの笑顔を増やしたり元気づけたり、目標に向かうためのベクトルを揃えられるようにしてほしい」

というように伝え、ムードメーカーの役割を認識してもらいます。メンバーはそこで、自分の性格の明るさが武器になり、チームに貢献できると気づくのです。

そして、実際にムードメーカーとして力を発揮し、チームのパフォーマンス向上をもたらすこともあるでしょう。その頑張りを評価します。

人事評価のあり方は企業によって異なるため、メンバーの能力を十分に評価できないことも想定されます。各人の特性など定性的な要素は役割として認識させ、役割を評価対象として能力を引き出せば、より有効的な評価体制に近づけるでしょう。それによって報われる人は多いと思いますし、やりがいや働きがいを感じる人も多いはずです。

7 人事評価は企業と社員の成長を実現するための仕組み

人事評価の方法はさまざまですが、制度を導入しているほとんどの企業は相対評価を選択すると思います。

相対評価とは、個人の優劣をつけるときに、ある社員の能力や成績をほかの社員と比較し、その序列によって評価する方式です。

たとえば、S評価は5名、A評価は10名、B評価は15名などと、あらかじめその評価に該当する社員の人数や割合を決めておきます。そのうえで、能力や成績をもとに順位をつけ、上位から順に評価をつけます。

ただ、相対評価ではチームや部内での競争が激しくなり、評価に差が生じるのは否めません。Aさんが優れた能力を持っていても、Bさんがそれ以上に優れた能力を持っていれば、Bさん優位となるからです。

このとき、自分のチームのメンバーの順位を高くしてあげたいのは上司の心理でしょう。チームを率いるリーダー同士、同じ思いのため、それぞれがメンバーのアピールをします。

そこで**私は当時、「お宝手帳」と命名した手帳に、メンバーの日々の貢献をメモするようにしました。**

「○月×日、EさんがSさんの仕事をサポートしてくれて納期が2日早まった」
「○月×日、Iさんのレビューの品質が良く、欠陥がゼロだった」
「○月×日、Nさんの改善アイデアのおかげで部全体の作業が効率化され○○時間残業が減った」

などと書き込み、**その事実をもとに、相対評価での上位を目指して点数アップ**を図っていました。

ただ本音を言えば、メンバーの順位を上げることよりも、「社員の挑戦、努力、成長、そして組織の目標達成への貢献が適切に評価される」ことが真の目的でした。そのために具体的な事実をお宝手帳に書き留めておいたのです。

人事評価制度と聞くと、「社員の給与や賞与を決めるための成績表」のように捉えられがちですが、本来は「企業と社員の成長を実現するための仕組み」だと思っています。

コンサルティング企業の事例2（自動車部品製造業・営業部門で女性活躍）

クライアント企業情報

自動車部品の製造を行うK社。社員約300名

課題

女性が活躍できる会社にしたい思いを抱く経営者が、「えるぼし認定」の取得を考えていた。同認定は、女性の活躍を推進している企業に与えられる国の制度。同社社員の男女比は9対1で男性が圧倒的に多い。「えるぼし認定」の基準を満たすためには女性の社員を増やさなければならない。同認定により会社のイメージアップを図りたい思いもある。しかし、何から手をつけたらいいかわからず、困惑する日々を送っていた。

ビフォー・原因分析

・目指す女性活躍企業がはっきりしない
・女性の社員を増やす目的もはっきりしない
・製造業ゆえに男性社会のイメージが強い

・女性は男性の補助的業務で仕事内容に差がある

アフター・対応策

・なりたい女性活躍企業の姿を明確にする
・「えるぼし認定」の基準を会社の目標設定に入れる
・女性男性の区別なく仕事にアサイン
・報奨制度の対象を増やした（個人だけでなくチームでの表彰も加えた）

「女性社員を増やしたい。でも、採用がうまくいかない。何から手をつけたらいいかわからない……」。クライアントの自動車部品製造業・K社の代表は、このように悩まれていました。国の「えるぼし認定」に興味を持ち、女性活躍企業を目指すことになった矢先です。

そもそも、なぜ女性社員を増やしたいのか？　増やすことで何を目的（売上アップなど）にするのか？　私が疑問をぶつけても、はっきりした答えは得られませんでした。

ただ、女性が活躍できる会社にしたい強い思いや、男性が圧倒的多数の職場の状況を変えてイメージアップを図りたいという気持ちは伝わってきました。

原因分析による問題は【ビフォー】で示すとおりです。これらの問題を解消すべく、【アフター】に挙げた対応策をアドバイスして実行してもらいました。

一番のポイントは、女性社員の業務アサインの機会を増やしたことでしょう。経営者の決断により、営業事務に在籍していたある女性を営業職に抜擢したのです。営業職はそれまで男性社員のみだったため当初は反発の声が聞かれたものの、トップの判断ということで自然と静まっていきました。

何より営業職に就いた女性の頑張りが目覚しく、もともとのセンスの良さも功を奏したのだと思います。勉強熱心な姿勢から周囲の男性社員の協力を得られるようになり、飲み込みも良いので成果もついていきました。そして、協力を評価する報酬制度を導入したこともあり、営業部全体のチーム力を高める結果となったのです。

効果

・営業部の成約率が上がり、売上25％増加
・女性社員の成功採用の女性応募が増加

女性社員の営業職への配置転換により、営業部内の協力態勢ができあがり、成約率の上

昇とともに売上は半年で25％増加と躍進しました。一方、女性社員自身が仕事のやりがいを見出し、成功したことがＰＲ材料となり、採用活動において女性応募の増加につながりました。

「えるぼし認定」の基準を満たすのはまだ先ですが、女性活躍の環境を推し進めた第一歩によって大きな効果をもたらしたといえるでしょう。

第6章

リーダーがやるべき自分づくり

1 稲盛さんの言葉から学んだリーダーの「器」と組織の関係

「組織はリーダーの『器』以上にならない」

「集団、それはリーダーの人間性を映す鏡なのである」

この2つの言葉は、組織を持つものとして、稲盛和夫さんに言われて非常にショックを受けた言葉です。

当時は再建のスタート地点でした。自分に何ができるかわからず、あれこれ考えあぐねながらも、何とかして組織やチームをまとめていかなければならない気持ちでいっぱいでした。

「組織はリーダーの『器』以上にならない」

最初に聞いたとき、この言葉の衝撃が強かったことを覚えています。

「自分の器が小さかったら、組織は変わらないんだ」などと、弱気な思いが頭の中を駆け巡りました。

ただそれはほんの一瞬のことです。すぐにもうひとつの思いが湧いてきました。「自分が成長しない限り、組織の成長はない。自分の器を大きくしよう」と。

「集団、それはリーダーの人間性を映す鏡なのである」

この言葉にも打ちのめされました。

リーダーのあり方はいい意味でも悪い意味でも、集団に大きな影響を与えます。リーダーが暗い顔をしていれば、組織も暗くなる。リーダーが挑戦しなければ、組織も挑戦しない。リーダーが不平不満ばかり言っていれば、組織の中では不平不満で溢れる。目指すのはすべて逆です。

良い組織をつくりたいなら、リーダー自ら人間性を磨き、良い考え方や行動を続けなければならないのです。

稲盛さんの言葉に身が引き締まる思いで責任を背負う自覚をしました。

2 リーダーが心すべき「経営12カ条」「六つの精進」

稲盛さんの教えには、いつも気づきを与えられました。その気づきを心得、自分磨きとしてきました。

数ある稲盛さんの教えの中で、特にリーダーが心すべきこととして、「経営12カ条」と「六つの精進」が挙げられます。

「経営12カ条」は実体験をベースとした経営の原理原則、「六つの精進」は仕事や人生において重要とする実践項目です。

この2つの哲学にも表れているように、稲盛さんはリーダーに対して〝人間性〟を第一に求めていました。

技術が足りなければほかの人で補うこともできます。しかし、人間性はそういうわけにはいきません。リーダーに相応しい人間性なくして、組織やチームを率いることはできないのです。

［図22］経営12カ条

第1条	事業の目的、意義を明確にする
第2条	具体的な目標を立てる
第3条	強烈な願望を心に抱く
第4条	誰にも負けない努力をする
第5条	売上を最大限に伸ばし、経費を最小限に抑える
第6条	値決めは経営
第7条	経営は強い意志で決まる
第8条	燃える闘魂
第9条	勇気をもって事に当たる
第10条	常に創造的な仕事をする
第11条	思いやりの心で誠実に
第12条	常に明るく前向きに、夢と希望を抱いて素直な心で

出典：稲盛和夫 OFFICIAL SITE

［図23］六つの精進

一、誰にも負けない努力をする
二、謙虚にして驕らず
三、反省のある毎日を送る
四、生きていることに感謝する
五、善行、利他行を積む
六、感性的な悩みをしない

出典：稲盛和夫 OFFICIAL SITE

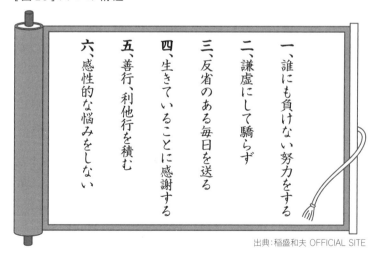

では、リーダーに求められる人間性とは何なのか。

重要な要素を挙げるとしたら、「利他の心」だと思います。

稲盛さんは事あるごとに、利他の心の大切さを語っておられました。自分の利益を最優先する「利己」とは反対に、他人のためにつくすことが「利他」で、リーダーは何よりその精神を持っていなければならないと説いていたのです。

リーダーが自分のことしか考えなかったら、どうなるでしょうか。チームのメンバーの協力は得られないですし、信頼を失うばかりでしょう。

自分よりもチームやメンバーのことを第一と考えられていたら、みんなの協力を得られ、アイデアや知恵も集まります。それをチームやメンバーのために活かそうとするため、組織のパフォーマンスが上がると同時にリーダーの信頼は高まっていくのです。

3 スキル×マインド、主観×客観

私は自己成長のコツとして、

・**「スキル×マインド」**
・**「主観×客観」**

というスタンスを意識していきました。どういうことか、順に解説していきましょう。

「スキル×マインド」のスキルとは技術、やり方、テクニックなどを指し、マインドは心の持ち方、意識、思考などを指します。

2つの要素のうち、どちらか一方の視点しか持っていないとしたら、リーダーとして不十分です。スキルとマインドの両方に目を向けなければなりません。

たとえばビジネスの現場で物事を達成するためには、やり方やテクニック（スキル）を習得する必要があります。

ただしスキルだけあればいいわけではありません。自己成長に向けてさらにスキルや人間性を磨こうとする気持ち、仲間や組織、お客様のために役立てようとする気持ちがあってこそスキルが生きてきます。

コミュニケーションの方法を学ぶのも同様です。チームのメンバーとの信頼関係を深めたい、メンバーのモチベーションを上げて笑顔を増やしたいという気持ちがベースにあっ

[図24] 自己成長のコツ

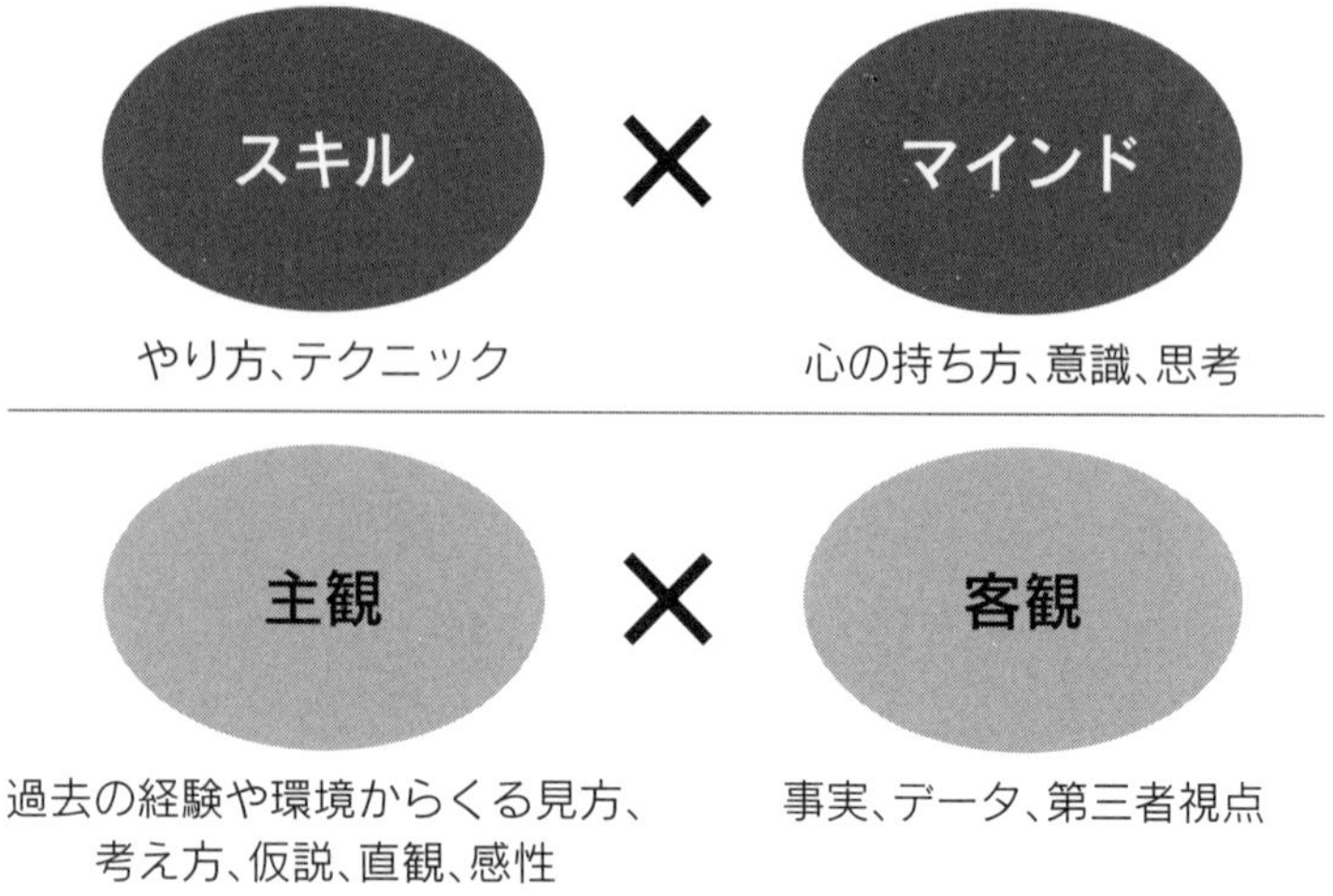

てこそコミュニケーションが生きてきます。

マネジメントを例にすれば、目標設定や売上など数字の管理がスキル、チームのメンバーが仕事に取り組む際の気持ちや意識がマインドになります。

単に目標や売上数字を突き付けても、メンバーのモチベーションは上がりません。そこでマインド面に目を向け、目標達成を成し遂げるのです。

次に「主観×客観」についてです。

主観は自分だけのものの見方、考え方を指し、客観は特定の立場に捉われない第三者的なものの見方、考え方を指します。

どちらか一方の視点しか持たないと弊害を招くため、必ず主観と客観の両方に目を向けなければなりません。

主観だけだと視野が狭まることもあります。客観視することで視野を広げ、ほかの人の意見を受け止めて考えられるようになります。

起きている事象や意思決定する際は、勘に依存するのではなく、データ（客観的事実）で判断することも大切です。

自分の中に怒りが発生したときには、利己的になっていないかなど、自分をメタ認知（客観的に自分を見る）してください。なぜ怒っているのか、なぜ利己的になっているのかを考え、「どうするの？」と自問自答し、感情的にならず、冷静に対応するよう心がけましょう。

マインドはすべての行動のベースになるもの。マインドしだいで行動が変わるのです。

「スキル×マインド」、「主観×客観」の視点を持つこと、2つの要素からアプローチすることで自己成長できるのです。

4 リーダーのセルフマネジメント

仕事をしていると、うまくいかなくて落ち込んだり、モチベーションが下がったりする事態に直面するものです。また単に忙しく、ストレス過多に陥る人も多いと思います。

リーダーにはセルフマネジメントが不可欠です。この章の最初の項目の稲盛さんの言葉にあったとおり、リーダーの器が組織の成長を左右し、またリーダーの人間性が鏡となって組織に影響を及ぼすからです。**セルフマネジメントは感情のコントロールだけでなく、人間性を磨くことも忘れてはいけません。**

私の場合、「環境を変える」「人を変える」「時間の使い方を変える」ことを心がけていました。会社の付き合いだけに縛られていると環境、人、時間の使い方は変わっていかないため、あえて社外の人と交流するようにしていました。

ただ、社外といっても誰でもいいわけではなく、極力モチベーションの高い人や学びを得られる人を選んでいました。人間は対人からの影響を受けやすいものです。落ち込んでいるときなどにモチベーションの高い人に会って話をすれば、パワーをもらって元気になれますし、壁にぶち当たったときに学びを得られる人と会って話をすれば、壁を乗り越えて成長できます。

ちなみにこのときに築いた社外人脈は、独立するときに非常に役立ちました。会社の付き合いだけに重きを置いていたら、独立は難しかったかもしれません。

社外の人に会えないときは、本を読んで自分の内なる環境を変えていました。本には著者の体験が記され、未知の世界も少なくありません。ポジティブな気持ちになれるものを前提に選び、本を通じて自分の知らない世界から刺激を受け、パワーや学びをもらっていました。

加えて、私が実践するセルフマネジメントの方法のひとつに「感謝日記」があります。

感謝日記とは、その日に起きた出来事を振り返り、日々の感謝を記すものです。さまざまな形式がありますが、私は『1日3行「感謝日記」』（柳澤三樹夫著、同文舘出版）という書籍を読み、取り入れました。

［図25］感謝日記

出来事	(出来事)□があった
おかげ	そのおかげで、(機会)□に気づいた(学んだ)
感謝	気づきを与えてくれた、(出来事)□に感謝！

●1行目　出来事
その日に起きた感謝できる出来事を書く
●2行目　おかげ
1行目の出来事から、気づきあるいは学びなどを書く
●3行目　感謝
気づきや学びを与えてくれた、1行目の出来事に感謝
●例
・L社へ提出する資料の不備をMさんから指摘された。
・指摘された時はムッとしたけど、おかげでL社との取引の問題点が見えてきた。
・不備を指摘してくれたMさんに感謝！

感謝日記をつけ始めた理由は、「起きている出来事はすべて必然であり、すべての出来事に感謝」という思いからです。プラスのことだけではなく、マイナスのことも感謝として受け入れることで人は経験値を上げ、成長することができます。

書き方はいたって簡単です。3行の箇条書きで感謝を記します。

普通の日記と異なる点として、マイナスに思える出来事も感謝に置き換えるのが大きなポイントです。

たとえば、

・チームの田中さんが、会議資料の提出前にミスを見つけてくれた

・そのおかげで、上司からの指摘もなく会議がスムーズに進められた

・ミスを見つけてくれた田中さんに感謝！

もう一例は、

・お客さまへの提案が通らなかった

・そのおかげで、お客さまへのメリットのアピールが競合他社より弱いことに気がついた

・次回はメリットの部分に定量的な要素も入れて書こう。より説得性のある資料をつくれる機会を与えてもらえたことに感謝！

という流れで構成します。

感謝日記を習慣化すると、どんな出来事やどんな人に対しても感謝に変わります。マイナスの出来事であっても気づきとして捉えられるため、成長の機会にでき、人にも心穏やかになれます。

また日記をつけることは自分を客観視する作業となるので、前述した「主観×客観」の要素が備わってくるでしょう。

さまざまな利点をもたらす感謝日記、おすすめです。

5 リーダーのタイムマネジメント

リーダーにとって貴重な経営資源は何だと思いますか？

それはリーダーの「時間」です。

皆さんご存じのとおり、時間は有限です。1日は24時間と決まっており、増やすことも伸ばすこともできません。したがって、組織を変えていく、成長させていくにはリーダーのタイムマネジメントが必要になってきます。

タイムマネジメントを単にスケジュール管理と捉えている人もいるのではないでしょうか。それは間違いです。スケジュールした時間を使い、いかに業務を効率化し、生産性を上げていくかというのがタイムマネジメントにおいて重要になります。

リーダーのタイムマネジメントにおいて重要なのは次の3つの管理です。

1 マインドの管理

達成への意志・怠け心、あきらめ、言い訳、後ろ向きな気持ち

2 行動の管理

計画作成、優先順位、段取り、効率化、生産性向上、ＰＤＣＡ

3 目標の管理

ゴール、何のために？　どうしたいか？

第一はマインドの管理。マインドが低下している状態では目標達成はできません。マインドは行動のエンジンです。そのエンジンを止めるのはネガティブ思考に他なりません。思考は「言葉」に表れ、「行動」を止め、「時間」を止めることになります。

ですから、ネガティブワードを封印することが大切です。「無理だ」「わからない」「時間がない」などなど、つい使ってしまいがちなこれらの発言を禁句とします。

また、こういった発言は周りの人のモチベーションを下げる、周りの人も使うようになるなど、ネガティブ集団を生み出して組織の生産性を下げることにもなりかねません。

時間を止める「停止ワード」から時間を進める「前進ワード」へ、思考の書き換えを行ってください。書き換えの一例は次のとおりです。

・停止ワード「無理だ」↓前進ワード「できる方法を考えよう」
・停止ワード「わからない」↓前進ワード「調べよう」「わかる人に聞こう」
・停止ワード「時間がない」↓前進ワード「時間をつくろう」「やり方を変えてみよう」

マインドの管理は目標達成のベースとなるのでとても重要です。

次に行動管理。優先順位を決め、ムリムダを省き、計画を策定し、実行する。より時間と労力を削減し、生産性が高まる意識をもって行動します。

最後は目標管理。

・売上や利益を増加させたい？
・お客様の満足度を向上させたい？
・労働時間を短くして、健康な生活を送りたい？
・時間的な余裕ができることで精神的な余裕も生まれ、笑顔で過ごしたい？　趣味を楽しみたい？　自己研鑽の時間に使いたい？

［図26］管理職が意識すべき優先度

緊急度：高 ← → 低／重要度：大 ↑ ↓ 小

1 主たる業務	**2 組織を成長させる業務**
・決裁、意志決定等、管理職職務 ・目標達成に向けた行動 ・案件の打ち合わせ／進捗管理 ・お客さまからの重要な問い合わせ ・システムトラブル指揮	・中期計画策定 ・組織戦略検討 ・業務改善のための検討と実践 ・部下育成 ・スキルアップのための自己研鑽
3 緊急対応の業務（短期的）	**4 雑務的な業務**
・突発的なトラブル対応 ・突発的な社内の依頼や問い合わせ ・突発的な上司からの依頼 ・予定をしていなかった会議	・交通費の精算 ・書類の整理 ・回覧物の準備 ・社内会議の場所やスケジュール登録

といったように、目的を明確にし、具体的な目標を設定して組織やチームに示すこと、ベクトルを合わせて目標に向かっていくことが大切です。

基本となる3つの管理を頭に置き、タイムマネジメントを実行しましょう。

ここから組織力を上げるためのリーダー（管理職）のタイムマネジメントについて、業務を踏まえて説明していきます。

図26を見てください。これは、管理職が意識すべき業務の優先度を「重要度」と「緊急度」の2軸で示しています。

重要度、緊急度がともに高いのは1の「主

たる業務」です。決済、意思決定などの管理職業務、顧客からの重要な問い合わせなどがあてはまります。

重要度は高いものの、緊急度は高くないのは2の「組織を成長させる業務」です。3年から5年後を見据えた中期計画の策定、部下の育成や自身のスキルアップなどがあてはまります。

重要度は低いものの緊急度が高いのは3の「緊急対応の業務」、重要度、緊急度ともに低いのは4の「雑務的な業務」になります。

管理職として、もっとも多くの時間を割くべきなのは、どの業務だと思いますか？ 答えは2の領域です。

管理職は組織を成長させ、目標達成していくのが一番の使命となります。そのためには、中長期的な計画や戦略を練り、人財育成に努めなければならないですし、自己研鑽を積んでいかなければなりません。

しかし、現実には2の領域の業務は締め切りがないものが多く、後回しにされているケースをよく目にします。目の前にある1の領域の業務に多くの時間をとられて、組織力の停滞を招いている管理職が少なくないのです。

組織力を上げるには2の領域の業務の比重を上げる必要があります。課長クラスより部長・役員と、上位マネジメントになるほどより多くの時間を割く必要があります。

それを実現するには、1の領域の業務にかける時間を減らすための効率化や、3と4の領域の業務を減らすための断捨離を行いましょう。

また、2の領域の中長期的な業務はスケジュールに入れ込まないケースが多いので、きちんとスケジューリングして時間を確保することも大切です。

6 次のリーダーを育てるのもリーダーの仕事

リーダーは自身の成長と同時に、チームのメンバーを育てなければなりません。**メンバーの中から次のリーダーを育てるのもリーダーの仕事です。**またそれは自分づくりにもつながります。

部下を次のリーダーに育て上げるのは容易ではありません。ときには衝突する場面も出てくるでしょう。しかし部下を育成していく過程において、自身の学びになることも多々あり、教える側のリーダーも成長することができます。

そういった経験を私もしてきました。ダメダメの管理職だったことはもう何度もお伝えしましたね。リーダーとしての教育を行うことで、部下の気持ちを汲み取ることの大切さなどに気づかされ、自身の成長とともに行動も変化していったのです。

また、何人かの部下にリーダー教育を重ねていくうちに、人それぞれの良さを見極め、引き出していくことの大切さを痛感し、人間観察を怠らぬよう自分に強く言い聞かせるようになりました。

部下など育てず、自分一人で仕事に取り組んだほうが楽なのは言うまでもないでしょう。自らの考えどおりに行動できるので当然です。

しかし、組織はそういうわけにはいきません。複数の人が力を合わせて共通のゴールを目指すからで、それをまとめるのがリーダーに他なりません。

部下の育成に頭を悩ますリーダーは数多くいます。思うようにいかないことが少なくないでしょう。
そんなときこそ、こう考えてください。

・リーダーとして次のリーダーを育てることは、自身の学びや成長につながる。また、リーダーの器を広げる経験につながる

このことを肝に銘じ、次のリーダーの育成に取り組んでほしいと思います。

7 困難を乗り越えた人だけが見られる「景色」

リーダーになって一番良かったことは何か。そう問われたら、「自己実現できるようになったこと」と私は答えます。

自己実現とは、自分の気持ちに正直になって、やりたいことをできる状態です。アメリカの心理学者・マズローの5段階欲求では最上位に位置付けられています。

やりたいことができるといっても、好き勝手にやるわけではありません。自分の持つ能力や可能性を最大限に発揮し、そこにいるみんなを幸せにすることが、組織の中での自己実現だと私は解釈しています。

リーダーがチームのメンバーとともに見られる〝景色〟があります。

たとえて言うなら、富士山への山登りを思い浮かべてください。

富士山は日本一高い山です。リーダーが旗を振り、メンバーとともに計画し、頂上を目指したとしましょう。

途中、さまざまな困難が待っているはずです。大きなアクシデントも起こるかもしれません。

そういった事態に直面したとき、リーダーはメンバーを勇気づけ、鼓舞します。リーダーの言葉にメンバーは奮起し、前を向きます。結果、全員が富士山の頂上に立つことができたとします。

頂上からの景色は、それまでの苦難を乗り越えた人だけが見られるものです。その景色は幸福な記憶として、脳裏に刻まれると思います。

組織の場面に話を戻します。メンバーと伴走し、目標とする頂上（ゴール）へと導くのはリーダーの務めです。リーダーの手腕によって苦難を乗り越え、力を出し切ったメンバーの目の前には、達成感とともに感動的な景色が広がっていることでしょう。

8 幸せな組織をつくりたいのであれば、リーダーが幸せになる

リーダーの姿は人それぞれです。型にはめて考える必要はなく、いろいろなタイプのリーダーがいていいと思います。一人ひとり、自分なりのリーダー像を築き上げればいいのです。

ただ、ひとつ言えることがあります。

「幸せな組織をつくりたいのであれば、まずリーダーが幸せにならなければいけません」

ということです。

先に挙げた稲盛さんの言葉、「集団、それはリーダーの人間性を映す鏡なのである」に通じるものですね。まずは自分が幸せを感じていなければならないのです。

リーダーが暗い様子でいたら、チームの雰囲気も悪くなります。メンバーの士気に影響

し、やる気やモチベーションを下げることになりかねません。

ですから職場では明るく、幸せな気持ちでいられるようにしましょう。そのためにどうしたらいいか。リーダーが考えるべき永遠のテーマです。

最後に、稲盛さんの「経営12カ条」、第12条を皆さんに贈ります。

「常に明るく前向きに、夢と希望を抱いて素直な心で」

おわりに

目標達成は利益が上がることです。ただしそれは一面に過ぎません。
目標達成にはさまざまなプラス要素があります。

・売上や利益の向上
・社員のエンゲージメント向上
・社員の健康状態の向上
・お客様満足度向上
・社会貢献の拡充

など、目標を達成することで、企業、社員、お客様、社会、それぞれの幸せを実現することができるのです。

目標達成は企業の成長とともに、社員の「物心両面の幸福」を実現していくことだと私は考えています。「物」はお金の部分もありますが、「心」の幸福が必須かつ何より重要な要素となるのです。
心の幸福とは、あるがままの自分の存在を認める**自己存在感**であったり、人の役に立って喜んでもらえる**自己有用感**であったり、自ら努力して成長する**自己成長**であったり、**自分自身の夢を叶えること**であったり、**日々笑顔で過ごせること**であったりします。

私が提唱しているユニゾン経営は、目標達成の手法です。幸せに溢れる企業と社員を少しでも多く増やしたい。そんな気持ちでユニゾン経営に臨んできましたし、これからもその姿勢は変わりません。世の中の企業にお役に立てたら幸いです。

最後にこの場を借りて、これまでお世話になった方々に感謝の意を申し上げます。
まずはこの出版を叶えてくださった、現代書林の浅尾浩人さん、編集者の兒玉容子さん、ライターの百瀬康司さん、新入社員から33年間、私を育て、支えてくれたJALインフォテックの皆さん、「ユニゾン経営」を生み出し、起業時からたくさんの学びをいただいている「スタートアップ支援大学」を開催しているシャイニングステージ代表の佐藤彰太さんと俊之さん、常に私が好きな人生を歩んでいくことを暖かく見守ってくれている家族、そして最後に、これまで健康かつ社会でしっかり生きていける力をくれた両親に感謝し、筆を擱きたいと思います。

2023年12月

株式会社エターナリア　代表取締役社長　宮下律江

宮下律江（みやした・りつえ）

株式会社エターナリア代表取締役社長。広島県出身。大学卒業後、JALグループIT企業へ入社。2010年JAL破綻後は稲盛和夫氏の元、IT部門で初の女性役員となりJAL復活に貢献。JAL再生計画に掲げられたIT刷新プロジェクトでは1200人以上の日亜メンバーを率いて成功裡に収め、日経「IT Japan Award 2018」を受賞。2018年に株式会社エターナリアを創立。また複数の東証プライム企業の社外取締役を歴任。多様な人財の力を集結させて企業の業績を上げ、企業の物心両面の幸福を追求する「ユニゾン経営」の手法と研修を提供している。

宮下律江オフィシャルウェブサイト
https://miyashitaritsue.com/

目標《もくひょう》達成《たっせい》できる組織《そしき》のつくり方《かた》

2024年1月28日　初版第1刷

著　者――――――宮下律江《みやしたりつえ》
発行者――――――松島一樹
発行所――――――現代書林
〒162-0053　東京都新宿区原町3-61　桂ビル
TEL／代表　03 (3205) 8384
振替00140-7-42905
http://www.gendaishorin.co.jp/

デザイン――――――岩永香穂（MOAI）
図版――――――松尾容巳子
編集協力――――――兒玉容子

印刷・製本　㈱シナノパブリッシングプレス
乱丁・落丁本はお取り替えいたします。
定価はカバーに表示してあります。

ISBN978-4-7745-1998-2　C0034